숙명여대를 혁신으로 이끈

이경숙의 섬김리더십

숙명여대를 혁신으로 이끈

이경숙의
섬김리더십

양병무 지음

21세기북스
Book21.com

교육의 희망을 보여준 '주식회사 숙명여대'

숙명여대는 14년 전만 해도 평범한 여자대학이었다. 그러나 현재는 디지털대학의 선두주자, 학생들의 고객만족도 1위 대학, 대학행정혁신의 메카로 불리고 있다. 다른 대학들은 교육 혁신의 교과서로 숙대를 벤치마킹하고 있고 기업들조차 성공요인을 알아내고자 견학을 신청하고 있다. 도대체 숙대는 이런 놀라운 변화를 어떻게 만들었을까.

먼저 주목할 것은 이경숙 총장의 섬김리더십이다. 이 총장은 '부드러운 힘이 세상을 바꾼다'는 모토로 네 번 연속 직선총장으로 선출됐다. 개성이 강한 대학교수 사회에서 네 번씩이나 총장으로 추대되는 것은 우리나라 대학 풍토에서는 극히 이례적인 일이다. 서울대학교 총장 평균임기가 2.5년이라는 점을 감안할 때, 오너 총장이 아닌 4선 직선총장은 지금까지도 없었고 앞으로도 없을 거라고 한다. 4선 직선총장이라는 타이틀은 총장의 비전력, 실행력, 추진력을 가늠하게 한다. 또한 숙명여대가 보여주는 탁월한 성과는 그 타이틀의 정당성을 재증명하기에 충분하다.

최장수 직선 총장, CEO 총장, 혁신 총장, 섬기는 총장, 부드러운 총장, 춤추는 총장, 디지털 총장, 공부하는 총장.

이경숙 총장을 지칭하는 이 말들의 원천은 섬김리더십이다. 이 총장은 학생과 교수, 직원의 신뢰를 바탕으로 공감과 참여를 이끌어냈다. 숙대혁신은 이렇게 총장, 학생, 교수, 직원이 혼연일체가 되어 만든 걸작품이다. 이 총장의 목표는 분명하다. '학생이 행복한 학교'를 만드는 것이다. 학생을 최우선에 두지 않는 학교란 존재 자체가 무의미하다고 생각한다. 학생이 주인인 학교가 좋은 학교라는 생각으로, 학생이 성장할 수 있는 여건을 만드는 데 열정을 쏟았다.

두 번째로는 '주식회사 숙명여대'라는 마인드다. 숙대는 '대학은 주식회사, 총장은 CEO, 교수와 직원은 임직원, 학생은 고객'이라는 마인드로 무장했다. 또한 경영마인드를 대학행정에 도입해 리더십개발원, 취업경력개발원, TESOL대학원, 음악치료대학원, 여성인적자원개발대학원 등 국내 최초 또는 세계 최초를 만들며 캠퍼스 블루오션을 개척했다. 숙대가 계획하고 실행한 시설투자, 행정개혁, 교육서비스 등은 이런 마인드 혁신에서 비롯됐다.

숙대는 혁신의 구체적인 첫 단계로 1995년 제2창학을 선언, 2006년까지 세계 최상의 명문여대가 되겠다는 비전을 발표했다. 또 여기에 필요한 1,000억 원의 발전기금을 모금하겠다고 공언했다. 그리고 보란 듯이 1,000억 원 모금목표를 초과 달성하여 학교 부지를 두 배로 늘렸고 21동이나 되는 건물을 신축했으며, 4동을 리모델링해 상당

수준의 시설 인프라를 구축했다. 나아가 세계 최고의 리더십대학을 목표로 정하고 2020년까지 대한민국 리더의 10%를 책임진다는 청사진도 밝혔다.

'주식회사 숙명여대'라는 경영마인드가 없었다면 지금의 숙명여대는 존재할 수도 없다. 숙대의 이런 혁신은 혁신 무풍지대로 불렸던 대학사회에 개혁의 폭풍을 몰고 왔다. 또한 교육을 '서비스' 개념으로 재정의했을 뿐만 아니라 대학을 경쟁력으로 평가하는 혁명을 일으켰다. 그야말로 패러다임의 대변혁을 가져온 것이다.

- 국가 고객만족도 1위 대학
- 6년간 교육인적자원부 교육개혁 추진 최우수대학 선정
- 국내 최초 유네스코 선정, 여성정보화를 위한 아태지역 국제프로그램 운영기관
- 세계 최초 모바일캠퍼스 구축
- ISO 9001, ISO 14001 대학 최초 인증 획득
- 국내 대학 최초 외자유치 성공
- 국내 최초 원격대학원 설립
- 행정혁신아카데미 개최
- 대학 최초 신문광고부문 은상 수상

위 업적은 1994년 이경숙 총장이 취임한 후, 14년 동안 숙명여대가 '최초'로 이룬 일들의 일부다. 이런 기적 같은 이야기가 알려지면서

전국의 대학은 물론 기업의 관계자들까지 숙대로 몰려오고 있다. 심지어 중국의 고위층이 우리나라 대학 중 유일하게 매년 숙대를 찾아오는 등 해외에서의 방문도 끊이지 않고 있다.

대학은 인재배출의 요람이기에 대학에서 솟아나는 희망은 곧 대한민국의 희망으로 이어진다. 즉 대학이 변하면 대한민국이 변한다. 문제는 변화의 방향이다. 숙대가 세계 최상의 명문여대와 세계 최고의 리더십대학을 목표로 이룩한 성과는 변화의 방향과 그 방법에 대한 좋은 가이드라인이 될 것이다.

이 책에는 취임 당시 엄청난 금액의 세금고지서를 받아들고 빚더미 위에서 허덕이던 숙대를 일으킨 이 총장의 눈물겨운 노력과 숙대인의 저력이 녹아 있다. 또한 '부드러운 힘이 세상을 바꾼다'는 섬김리더십을 바탕으로 숙대라는 이름의 배를 재출항시키기까지의 과정이 고스란히 담겨 있다.

이 책을 통해 우리나라 교육의 희망을 발견하게 되길 바란다. 또 사람과 조직이 어떻게 움직이고 리더의 참된 조건은 무엇인지 알게 되길 바란다.

마지막으로 숙명여대 이경숙 총장님과 인터뷰에 응해주신 교수님, 직원선생님들, 학생들, 그리고 객관적인 평가를 해주신 외부의 모든 분들께 깊은 감사를 드린다.

2008년 3월 양병무

2부 혁신의 깃발을 올리다

3부 세계를 향해 비상하다, 숙명여대

．
○
●

걸림돌을 디딤돌로 삼겠다고 결심하니

뜨거운 도전정신이 용솟음쳤다.

'세계 최상의 명문여대'를 만들겠다는 꿈이

드디어 용트림을 시작한 것이다.

1부

교육혁신의 대표브랜드
숙명여대

1장
이경숙 총장,
숙대에 비전을 품다

7억 8,000만 원짜리 세금고지서

1994년 3월 31일 눈부신 봄날, 이경숙 총장의 취임식이 진행되고 있었다. 국회의원들을 비롯해 각계의 귀빈들이 보내온 축하 메시지로 취임식장은 축제 분위기에 휩싸였고, 이 날의 주인공인 이경숙 총장은 하늘을 날 것 같은 기분이었다. 모교의 총장이 된다는 것, 그것은 기쁜 일이기도 했지만 영광된 일이기도 했다.

축하 리셉션이 끝난 적막한 교정에는 총장의 대학 동창생들이 남아 있었다. 돌아가기를 못내 아쉬워하는 그들과 함께 총장실로 자리를 옮겨 환담을 나누었다.

"정말 축하해! 너무 자랑스럽다."

"취임사에서 했던 말대로 세계 최상의 명문여대를 만들 거라고 믿어. 우리가 응원할게!"

"그래, 고맙다. 너희들의 도움이 절실히 필요해. 열심히 도와주고 기도해줘."

동창들을 배웅하고 다시 돌아온 집무실은 고요하다 못해 적막하기 까지 했다. 설레는 마음을 가라앉히며 의자에 앉았다. 언젠가 모교 총장이 되면 정말이지 멋지게 한번 일해보리라던 꿈이 비로소 실현된 것이다. 두근거리는 가슴으로 총장실의 이곳저곳을 둘러보다 책상 위에 놓인 흰 봉투 하나를 발견했다. 누가 보낸 축하 메시지일까 궁금한 마음에 급히 봉투를 열었다.

'7억 8,000만 원짜리 세금고지서'

봉투 속에는 상상도 못했던, 참으로 서글프기 그지없는 내용의 서류가 들어 있었다.

며칠 뒤, 문제는 여기저기서 속출했다. 2억 3,000만 원의 연체료, 1억 2,000만 원의 벌금과 범칙금 등의 고지서가 빚쟁이 달려들듯 연이어 날아들었다. 게다가 학교 건물은 오래되고 낡아서 으스스한 분위기마저 감돌았고 심지어 어떤 건물은 붕괴의 위험마저 안고 있었다. 그렇다고 새로운 건물을 지을 수 있는 상황도 아니었다. 발목을 잡고 있는 세금폭탄과 낡은 건물들은 숙대의 쇠락을 보여주는 것 같아 그저 마음이 아플 뿐이었다.

숙대는 1906년 조선왕조 순헌황귀비가 구국애족의 신념으로 세운 우리나라 최초의 민족여성사학이다. 황귀비는 고종의 후궁으로서 명성황후가 일본 낭인들에게 시해를 당한 후 국모가 되었고, 조선의 마지막 황태자인 영친왕의 생모로서 교육에 남다른 애정을 가지고 숙명여대의 전신인 명신여학교를 설립했다.

이후 명신고등여학교, 숙명고등여학교를 거쳐 숙명여자전문학교, 숙명여자대학에 이어 1955년에는 종합대학으로 승격·발전해오면서 이화여대와 함께 쌍벽을 이루며 한국 여성 사학의 양대 명문으로 전성기를 구가했다.

그러나 남북분단 이후 학교재단은 제구실을 하지 못했고 1960년대 중반부터는 문교부를 비롯한 국가 기관과 분쟁도 있었다. 이런 상황이다 보니 학교재정은 부실해졌고 운영은 어려워졌다. 누적된 재정 압박에 시달려 투자는 생각할 수도 없었다. 게다가 다른 대학들의 상대적인 약진은 숙대를 과거의 영화에만 매달려 사는 볼품없는 뒷방노인네로 전락시켰다. 과거에 얽매인 미래는 암울할 수밖에 없었다. 그에 따라 구성원들의 불만도 점점 높아졌다.

허울뿐인 학교 모습에 학생들의 자존감과 자부심은 무너졌고 교수들은 무기력한 모습으로 일관했다. 직원들은 노조를 결성했고 대학 최고의 강성노조로 활동하고 있었다. 매년 임금인상을 놓고 파업이 계속되어 노사갈등은 깊어만 갔다. 학생들 역시 등록금 인상 반대로 학교와 불편한 관계에 있었다.

대학의 3대 주체인 교수와 학생, 직원들의 학교에 대한 만족도는 그야말로 바닥이었다. 동문들 역시 점점 초라해지는 모교의 모습에 실망해 등을 돌리고 있었다.

숙명과의 만남을 '숙명'이라고 자랑스러워하던 숙명인들은 점차 깊은 회의 속으로 빠져들었다. 그러다 보니 이제 숙명과의 만남은 피하고 싶은 '운명'으로 바뀌고 있었다.

'어쩌다가 우리 학교가 이렇게까지 무너졌단 말인가?'

숙명이라는 이름의 배가 침몰의 운명을 피하지 못하고 거센 풍랑에 흔들리고 있었다. 이경숙 총장은 어떻게든 이 배의 운명을 바꿔야 한다고 생각했다. 침몰의 위기에 놓인 숙명의 선장이 된 이상 이대로 가라앉을 수는 없었다. 어디선가 바람이 멎고 구름이 걷히기 시작하고 있을 거라고 이 총장은 굳게 믿었다.

걸림돌을 디딤돌로

취임의 기쁨도 잠시, 헤쳐나가야 할 난관들이 앞을 가로막았다. 그렇다고 자신만을 바라보고 있는 사람들을 놓아둔 채 좌절하고 있을 수만은 없었다. 처한 환경과 문제에 빠져 허우적거리면 거릴수록 답은 점점 더 찾기 어려워진다. 총장은 자신을 둘러싸고 있는 문제들을 면밀히 관찰하여 해답을 찾기 시작했다.

우선 교수, 직원, 학생, 동문회의 현주소를 좀더 구체적으로 진단하기로 했다. 그들이 어떤 생각을 갖고 있는지가 중요했다. 당시 교수들은 열악한 학교재정과 보이지 않는 미래에 절망했다. 교수들의 허탈과 실망감은 하루아침에 찾아온 것이 아니라 오랜 시간 축적되어 온 것이

17

었다. 거기에는 미흡한 교육 여건, 비전의 결여, 타대학들의 약진에 따른 상대적인 위기의식 등 복합적인 요인들이 얽히고설켜 있었다.

어떤 교수는 당시의 심정을 이렇게 표현했다.

"학교에 가면 답답한 마음뿐이었다. 동료교수들과 대화를 나누다 보면 희망보다는 절망적인 이야기들이 주조를 이루었다. 학교 분위기가 이렇다 보니 연구실에 나갈 의지조차 생기지 않았다."

교수들에게 무엇보다 자신감과 의욕을 북돋워주는 것이 급선무였다. 체념, 무기력, 부정적인 분위기를 일단 긍정적인 방향으로 바꾸는 노력이 절실했다.

학생회도 학교의 전반적인 분위기를 반영하듯 학교에 대해 부정적이고 냉소적이었다. 캠퍼스 여기저기에는 대자보가 붙어 있어 더더욱 어수선한 분위기를 연출했고, 학교에 대한 자부심은 찾아보기 힘들었다. 학생들은 스스로를 방치되어 있다고 생각했다.

지방 국립대학에 있다가 숙대에 온 한 교수는 "학생들이 참 불쌍해 보였다. 캠퍼스는 좁은 데다 학교에 돈도 없다 보니 학생들을 위한 프로그램이 제대로 갖추어져 있지 않았다. 등록금에 비해 학생들이 얻는 혜택은 부족했다"고 그때의 상황을 전한다.

동문회 분위기도 크게 다르지 않았다. 동문들은 언론을 통해 학교 소식을 듣는 경우가 대부분인데, 보도되는 학교 얘기는 전무하다시피 했다. 우연히 학교 소식을 듣더라도 희망적인 내용은 별로 없었다. 그렇다 보니 동문들의 자긍심은 점점 추락하고 있었다. 더구나 졸업 후 가정주부로 사는 사람이 많아 언론의 보도가 아니고서는 학교 이름을 들을 기회도 많지 않았다.

동문들의 그런 분위기는 발전기금 모금 활동을 벌이면서 소재를 확인하는 단계에서도 여실히 드러났다.

"아니 20년 동안 감감 무소식이더니, 첫 소식이 그래 겨우 돈 내라는 거에요?"

"우리 학교 요즘 뭐하는 거에요. 숙대가 있긴 있는 건가요?"

"다른 학교는 점점 커지고 발전하던데, 우리 학교는 오히려 퇴보하는 거 같던데요."

학교를 움직이는 주체의 마음 상태가 이러했으니 학교 분위기는 마치 먹구름이 뒤덮고 있는 형상이었다. 이 같은 체념의 분위기는 탈출구를 찾지 못하고 장기간 이어져 무기력과 짜증으로 바뀌었고, 급기야 학내에 자잘한 스트레스를 야기하기도 했다.

당시 숙대학보에는 거의 매호마다 학교 당국의 분발과 각성을 촉구하는 학생, 교수들의 비난이 빗발쳤고 숙대 중흥에 대한 안타까운 의견들이 지면을 덮었다.

여기에는 당시 사회적인 분위기도 영향을 미쳤다. 문민정부가 출범하면서 세계화와 개혁을 강도있게 추진했기 때문에 그 물결이 대학 캠퍼스에 몰아쳐 숙대의 구성원들에게도 혁신의 욕구를 불러일으킨 측면도 있었다.

그래도 다행인 것은 숙명의 전통인 정직과 순수가 마음 한구석 어딘가에 자리하고 있었다는 점이다. 정직과 순수는 그 어떤 것과도 비교할 수 없는 자산이 아니겠는가. 먹장 같은 구름만 걷어내면 그 값진 자산이 용트림을 하며 하늘 높이 솟아오를 것이라 기대하며 이 총장은 바탕이 순수하고 정직한 숙명의 전통이 살아 있음을 다행으로 여겼다.

"전 김옥렬 총장님과 정규선 총장님께서 어려운 여건 속에서도 교지를 확장하기 위해 노력했다. 김옥렬 총장님은 10개년 장기발전계획을 세우신 것은 물론 중앙도서관을 건립하셨고 용인에 12만 2,000평의 연수원 부지를 마련하셨다. 정규선 총장님은 연수원을 준공하고 새로운 교사를 증축하셨다. 두 분 총장님께서 어려움 속에서도 학교를 정직, 투명하게 운영하시면서 숙명의 전통을 지켜주셨기에 숙대 혁신이 가능했다. 전임 총장님들의 경험과 고뇌를 이어받아 거기서부터 문제를 풀어가면 된다는 자신감이 생겼다."

각 주체들이 토로하는 불만과 문제의식도 따지고 보면 학교를 사랑하는 마음의 또 다른 표현이었다.

후에 이 총장은 그때의 심정을 다음과 같이 말했다.

"문제를 찬찬히 들여다보자 답이 보였다. 걸림돌로 생각했던 문제들이 디딤돌로 보이기 시작한 것이다. 그 많은 문제들을 디딤돌 삼아 나가겠다고 마음먹으니 뜨거운 도전정신이 가슴에서 용솟음쳤다. 모든 문제는 '보기 나름'이었다."

'세계 최상의 명문여대'를 만들겠다는 꿈이 드디어 구체성을 띠고 용트림을 시작한 것이다.

드림캠퍼스를 꿈꾸며

역사와 전통이라는 말이 때로는 무거운 짐으로 다가올 때가 있다. 숙대처럼 오래되어 낙후된 학교시설을 보수하거나 새로 짓지 않으면 안 될 상황에 처한 경우가 바로 그런 예이다.

입학식, 졸업식과 같은 중요한 행사를 치르는 강당은 1958년 건립 이후 30년이 넘도록 보수를 제대로 하지 않아 우중충한 모습인데다 난방조차 되지 않았다. 총장은 행사가 있을 때마다 외부에서 참석하는 사람들에게 송구한 마음이 들었다.

"강당이 너무 낡아서 초대한 손님들에게 미안한 마음이 앞섰다. 난방조차 안 되는 곳에서 추위에 떨며 축하해 주는 손님들을 보며 마음이 편치 못했다. 손님을 초대해놓고 아무것도 준비하지 못한 집주인처럼 얼굴이 화끈거렸다."

한번은 기업인들을 초청해 숙대를 세계적인 명문여대로 만들겠다는 열변을 토하고 있는데, 갑자기 총장실 전구가 '탁' 하고 터지면서 전구 세트가 천장 아래로 내려앉는 사건이 발생했다. 이 총장이 "바로 이런 상황들을 말끔히 해결하기 위해 모금을 하는 겁니다"라는 재치 있는 말로 가까스로 위기를 넘겼지만 민망한 마음은 어쩔 수 없었다.

총장실이 이랬으니 학생들이 사용하는 교실은 더 말해 무엇하겠는가. 수십 년간 보수 한번 변변하게 못해 여름이면 비가 줄줄 새는 강의실이 적지 않았다. 학생들은 오래되어 초라하게 변한 책상과 걸상, 빛바랜 벽면, 난방이 되지 않아 손을 호호 불어야 하는 열악한 환경에서 공부를 하고 있었다. 실험실에는 부품이 없어 방치된 기자재가 널려 있었다. 어떤 기자재는 워낙 오래되어 부품이 아예 생산 중단된 경우도 있었다. 이런 교육 환경에서 어떻게 마음 놓고 공부할 수 있겠는가, 어떻게 학교에 대한 자부심을 가지라고 말할 수 있겠는가.

영화배우 신성일 씨는 아내인 엄앵란 씨가 숙대 출신인데다 딸도 역시 숙대에 입학했기 때문에 학교에 남다른 애정을 가지고 있었다. 그는 학부모 자격으로 숙대를 방문해 둘러보고는 "아니 내 딸이 이런 시설에서 공부를 한단 말인가?" 하며 열악한 환경에 충격을 금치 못했다고 한다. 더욱이 화장실을 보고는 입을 다물지 못했다고 하니 그 처참한 환경을 짐작할 만하다.

초라한 교문 역시 학생들의 마음을 무겁게 만들었다. 초창기 숙대 캠퍼스는 세 군데로 나뉘져 있어서 교문이 세 개나 되었다. 또 벽돌 교문이 오랜 세월을 거치며 낡고 금이 간데다 군데군데 허물어지기까지 해서 민망할 정도였다. 게다가 교문의 형태도 제각각이었고 밖에서 보면 본관 쪽 캠퍼스만 숙대 교정으로 보여 캠퍼스를 더욱 좁게 느껴지게 했다. 학교의 얼굴이라 할 수 있는 교문이 이 정도였다.

문제는 낡은 건물뿐만이 아니었다. 좁은 학교 캠퍼스도 문제였다. 당시는 학생 수가 적어서 그 정도의 규모로도 그럭저럭 지낼 만했지만 학생 수가 늘어날 것을 고려할 때 교지를 넓히는 일은 중요한 과제였다. 이러한 문제점들은 총장뿐만 아니라 학교의 모든 구성원들이 공통으로 느끼고 있는 바였다.

실제로 숙대의 명성을 듣고 지원을 한 학생은 "학교 캠퍼스를 보고 실망해서 마음고생이 심했다. 그 콤플렉스를 극복하는 데 상당한 시간이 걸렸다"고 털어놓기도 했다.

이런 환경을 바라보는 이 총장의 마음은 무겁기만 했다. 학생들을 위해 어떡해서든 건물을 수리하거나 새로 지어야 했다. 교지를 넓히는 일 또한 총장이 맡아서 해결해야 한다고 생각했다. 꿈과 비전을 심어주어야 할 캠퍼스가 오히려 꿈과 비전이 자라는 것을 방해하고 있었다. 이 상황을 바꿔야 하는 임무가 이 총장에게 주어졌다.

이 총장이 학부생이던 시절, 숙대의 목조건물을 볼 때마다 타 대학의 석조건물이 그렇게 부러울 수가 없었다. 이 총장은 건물 하나하나를 대리석이나 화강암으로 만든 예술 작품처럼 짓고 싶었다. 또 각종 문화활동의 중심이 될 수 있는 공간을 마련해 숙대를 단순한 대학 캠퍼스가 아니라 문화를 창조하는 드림캠퍼스로 만들고 싶었다. 그리하여 학생들의 가슴 속에 무엇과도 비교할 수 없는 자부심이 스며들도록 해주고 싶었다.

숙대 캠퍼스는 숙대생들만의 캠퍼스가 아니라 지역 커뮤니티의 중심으로, 시대정신의 상징으로, 문화예술의 진원지로 자리매김해야 했다.

최고의 리더십대학, 숙명여대

'현모양처 양성소'라는 이미지는 숙대의 씻을 수 없는 이미지로 굳어 있었다. 숙대 출신 하면, 예의 바르고 단정한 모습의 훌륭한 아내 감이 떠올랐다. 그러나 그런 소극적이고 조용한 여성 이미지는 어디 까지나 남성우위의 사회를 전제로 논의되는 인재상일뿐이다.

현모양처는 더 이상 숙명인의 모습이 될 수 없었다. 현모양처가 여성의 최고덕목일 수는 있으나, 성공한 남편과 자식의 이름에 가려 자신은 물론 출신학교의 존재나 가치마저도 희미하게 만들기 때문이다.

1990년대 초 숙대생의 상당수는 "현모양처를 배출하는 학교라는 말이 가장 듣기 싫었다"고 회고한다. 그만큼 변화에 대한 갈증이 심했던 것이다.

세계는 숙대에게 새로운 여성상을 요구하고 있었다. 그러나 과거의 교육 인프라로 현모양처의 이미지를 벗는 데는 한계가 있었다. 과감한 변신이 필요했다. 이를 감지한 이 총장은 '좋은 전통을 계승하면서 시대정신을 반영한다'는 방침을 세웠다.

숙대는 최초의 민족여성사학인 만큼 한국의 여성교육을 선도한다는 이미지와 함께 현모양처 양성학교에 걸맞는 반듯한 이미지도 고수해야 했다. 물론 새 시대가 요구하는 적극적이고 능동적인 리더십도 담아야 했다. 심사숙고한 끝에 이 모두를 아우를 수 있는 '섬기는 리더십을 갖춘 세계 속의 한국여성'이란 인재상이 탄생했다.

여기서 주목해야 할 점은 숙대가 온고이지신溫故而知新의 자세로 이미지 혁신에 임했다는 사실이다.

일반적으로 혁신이라고 하면 과거를 모두 부인하고 미래에만 집착

하는 경향으로 알고 있으나, 가치 있는 혁신은 지킬 것과 버릴 것을 명백히 구분한다. 숙대는 전통과 여성이라는 장점을 살리면서 세계로 뻗어나간다는 방향을 설정함으로써 혁신의 첫단추를 성공적으로 끼울 수 있었다.

'세계 최상의 명문여대'
'섬김리더십'
'세상을 바꾸는 부드러운 힘'
'세계 최고의 리더십대학'

숙대는 분명한 목표를 정했다. 그리고 그 목표를 향해 한 걸음 한 걸음 나아가기 시작했다. 이를 위해 이 총장은 리더십 특화, 글로벌화, 융합화의 전략으로 학생들의 독특한 재능과 무한한 잠재력을 키우고 인격을 함양토록 지원할 것임을 천명했다.

"무엇보다 차별화되고 체계적인 리더십 교육과 연구를 지속적으로 추진할 것이다. 교양뿐 아니라 전문적이고 실용적인 지식도 겸비할 수 있는 교과 과정, 경험의 폭을 넓힐 수 있는 다양한 프로그램을 운영할 것이다. 그래서 학생들 스스로가 명확한 인생 로드맵을 설계해 꿈을 이룰 수 있도록 도울 것이다.

또한 해외 선진 대학들과의 교류를 확대해 글로벌 네트워크를 구축할 것이다. 이를 바탕으로 글로벌 리더로서의 자질과 소양을 쌓도록 지원할 것이다. 또한 우수 교원을 확보함은 물론, 그들이 독창적인 연구 성과를 낼 수 있도록 협조하고 창의적인 교수학습방법도 적극 도입할 것이다. 그래서 숙대를 세계적인 리더십 교육의 장으로 자리매김해 나가겠다."

이 총장은 "리더십이 있어야 자기 자신을 이끌고 남도 이끌 수 있다. 리더 한 사람이 바로 서면 그 조직이 산다. 조직을 살리는 리더십은 권위주의적인 리더십이 아니라 상대방을 배려하고 존중하는 섬김 리더십이다"라며 리더십의 중요성을 강조한다.

숙대는 2020년까지 대한민국 리더의 10%를 배출하겠다는 비전을 세웠다. 이 비전은 비단 숙대만의 비전이 아니다. 우리나라가 선진국 대열에 합류하기 위해서는 여성 인력의 활용은 필수적이다. 여성의 경쟁력은 개인의 경쟁력을 넘어서 조직의 경쟁력, 국가의 경쟁력으로 이어지기 때문이다. 즉 글로벌 여성 리더를 양성하겠다는 숙대의 비전은 국가의 비전인 것이다.

비전을 이룰 재정을 확보하라

숙대가 겪는 시련과 고통의 근원은 결국 재정 문제로 귀착되었다. 재정이 부족하니 교직원에 대한 대우가 좋을 리 없고, 투자를 못하니 시설이 낙후할 수밖에 없다. 좁은 교지 역시 재정문제와 연관된다. 숙대의 꿈을 실현하기 위해서는 반드시 재정적인 뒷받침이 있어야 한다는 것은 너무도 분명한 사실이었다. 재정적 지원이 없으면 아무리 좋은 비전과 목표도 탁상공론에 지나지 않는다. 숙대가 세운 마스터플랜의 성패는 결국 일정 수준의 재정을 확보하느냐 못하느냐에 따라 결정될 일이었다.

학교의 재정은 학교 재단, 학생 등록금, 동문회, 외부인의 기부금으로 이루어지는데, 숙대는 이 네 경로가 모두 여의치 않았다. 재정의 원천이 마르니 학교 운영에 심각한 타격이 오는 것은 당연했다.

숙대의 경우, 학교 재단에는 더 이상 기대할 바가 없었다. 해방 이후 대통령제가 도입되면서 조선 황실은 사실상 역사의 무대에서 퇴장한 상태였으므로 숙대는 그야말로 주인 없는 학교였다. 더욱이 남과 북으로 나눠지면서 상당 부분 학교 부지의 손실을 감내해야 했다. 조선 황실이 사라지고 학교에 투자하는 사람이 없게 되자 재정 문제가 심각한 상황에 이르렀다.

홍익대의 이면영 이사장은 "종교단체가 지원하는 학교나 돈 많은 독지가가 학교를 건립한 경우는 재정적인 어려움이 적다. 그러나 숙대처럼 주인이 없는 대학은 수입원이 학생들의 등록금뿐이므로 어려움을 겪을 수밖에 없다"고 설명한다.

그런데다가 1994년 당시 숙대의 전체 학부 학생수는 약 6,800명, 규모면에 있어서도 다른 종합대학과 비교가 안 되었다. 그러니 등록금 만으로 학교를 운영하기란 버거운 일일 수밖에 없었다.

동문회의 역할 또한 미미했다. 동문의 90%가 가정주부이다 보니 학교발전기금 모으기가 쉽지 않았다. 학교역사에 비해 동문의 숫자도 매우 적어서 4만 3,000여 명에 불과했다. 게다가 소재 파악이 가능한 인원은 그 절반 수준에도 미치지 못했다.

마지막으로 기댈 수 있는 곳이 기업이나 독지가의 기부금이지만, 이 역시 동문의 사회진출과 연관되어 있기에 쉽지 않은 방법이다. 동문 중에 기업체를 운영하거나 사회에서 영향력 있는 위치에 있는 사람이 있다면 거액의 기탁금이나 기부, 혹은 뜻있는 독지가의 헌금도 기대할 수 있다. 그러나 졸업생의 사회진출이 활발하지 않았던 숙대에게는 이 모든 가능성이 그저 그림의 떡이었다.

등록금에만 의존하는 숙대의 재정이 얼마나 어려웠는지는 이 총장 취임 당시의 재정 상태를 보면 알 수 있다. 이 총장이 취임하던 1994년도 예산계획을 보면, 경상비 예산은 146억인데 반해 경상비 지출이 164억에 달해 18억의 적자를 예상하고 있었다.

이 총장은 재정문제 또한 그 근원을 찾아 반드시 해결하겠다고 결심했다. 더 이상 물러설 곳이 없었기 때문이다. 우선 재정의 경로를 찾아 학생의 규모를 늘려나가고 동문의 적극적인 참여를 유도하며, 기업과 독지가의 기부금을 확대한다는 기본 방향을 정했다. 이 총장이 1,000억 원을 모금하겠다는 청사진을 밝힌 것도 따지고 보면 재정을 지원하는 파이프 라인을 세우겠다는 의미로 해석할 수 있다.

이처럼 위기에 처한 숙대가 비전을 갖기 위해서는 건전한 재정을 만드는 것이 우선이었다. 목표 모금액은 곧 마스터 플랜 수립과 목표 달성에 필요한 돈의 총 집계액이었다. 이 총장은 숙대의 꿈을 실현하

는 데 돈이 필요하다는 것을 알았고, 12년 마스터플랜을 세워 공식적
인 목표를 제시했다. 그리고나서 기금확보의 우선순위를 정했다.

초창기 모금활동을 지원했던 '대학문화'의 이한복 사장은 "우리는
기부 대상을 네 부류로 나눠 1차 대상을 동문으로, 2차 대상은 학생,
학부모, 교직원으로, 3차는 기업체 등 각계의 기부 가능자로, 4차는
개인 독지가로 구분했다"고 설명한다.

미래학에 관심이 많은 문학소녀

고등학생 시절, 이 총장에게 가장 가까운 친구는 책이었다. 독서를 하는 동안은 언제나 기쁨과 감동이 가득했다.

"책 속의 주인공이 되어 상상의 나래를 펴고 나만의 세계를 만드는 창조의 기쁨은 하루하루를 신나게 만들었다."

특히 톨스토이, 도스토예프스키, 헤르만 헤세, 헤밍웨이, 펄 벅을 좋아했다. 『죄와 벌』『카라마조프가의 형제들』『동방순례』『노인과 바다』『대지』등을 통독했다. 이런 작품들을 통해 다른 나라의 역사와 지형, 문화를 배우기도 했고 시공을 뛰어넘은 따뜻한 인간애에 눈물을 흘리기도 했다. 감수성이 예민한 여고 시절에 총장은 작가가 되겠다는 꿈을 간직한 문학소녀였다.

대학에 들어가서는 보다 폭 넓은 분야의 책을 읽었다. 철학에서부터 역사, 사상집, 전공인 정치학에 이르기까지 방대한 도서목록을 작성했고 한 권 한 권, 정독을 고집했다.

"이런 책들은 소설과는 달리 딱딱하고 때로는 머리를 지끈거리게 만들지만 나름의 재미가 있다. 이런 책들을 읽으면서 세계관이 차츰 정립되었다."

책 읽기를 좋아하는 총장은 미래와 문화에 관심이 많았다. 전공을 국제정치학으로 택한 이유도 바로 여기에 있다. 유학시절 첫 번째 과목으로 컴퓨터학을 선택했다. 담당교수는 "앞으로는 컴퓨터 잘 쓰는 사람이 리더가 된다"고 귀가 따갑도록 강조했다. 이 총장이 컴퓨터가 일반화되기 전인

1968년부터 컴퓨터에 관심을 갖고 과목을 수강한 이유가 여기에 있다. 이 총장은 박사논문을 준비할 때도 컴퓨터로 통계를 처리했다. 교수가 되어서도 학생들에게 디지털시대를 선도하기 위해서는 컴퓨터와 친해지라고 강력히 권했다.

박종익 전략기획팀장은 "총장님은 기획처장 시절에도 직원들에게 컴퓨터의 중요성을 강조하고 시시때때로 컴퓨터 교육을 받을 기회를 제공했다. 그러면서 숙대가 디지털시대의 강자가 되려면 지금부터 준비해야 한다고 강조하셨다"고 말한다.

숙대가 디지털대학의 선두주자로 부상할 수 있었던 이유 중의 하나로 이같은 컴퓨터에 대한 이 총장의 남다른 관심과 능력을 꼽을 수 있다.

이 총장은 미래학에도 관심이 많았다. 특히 앨빈 토플러, 피터 드러커, 존 나이스비츠의 책들을 탐독했다. 교수였을 때도 학생들에게 항상 미래 지향적이 되라고 귀에 못이 박힐 정도로 잔소리를 하곤 했다. 학생들을 가르칠 때마다 이 총장이 늘 가슴에 새기는 말이 있다.

"나는 학생들에게 30년 후를 내다볼 수 있는 교육을 하고 있는가?"

미래에 대한 이 총장의 관심과 비전을 엿볼 수 있는 대목이다.

2장
숙대를 혁신으로 이끈
섬김리더십

12년 마스터플랜 프로젝트를 가동하라

이 총장은 대학이 발전하기 위해서는 세 가지 요소가 충족되어야 한다고 믿었다. 첫째는 총장의 비전과 리더십, 둘째는 구성원들의 공감대 형성, 셋째는 비전을 실천할 수 있는 재정적 지원이 그것이다. 즉 리더십, 공감대 형성, 재정확보라는 3대 요소가 충족되어야만 세계적인 대학으로 발돋움 할 수 있다는 의미다.

이 총장은 자신의 취임사를 통해 이렇게 밝혔다.

"창학 100주년이 되는 2006년까지 세계적인 명문여대로 도약하기 위한 토대를 마련하겠습니다. 세계적인 여성지도자와 전문 인력 양성을 목표로 하고, 이를 달성하기 위해 세계화 · 정보화 · 개방화 · 민족화의 네 가지 특성화 정책을 실천하겠습니다."

그러나 총장의 꿈과 비전은 당시 숙대가 처한 현실 앞에서 쉽게 돌파구를 찾지 못했다. 어느 조직에서든 전진을 방해하는 가장 큰 요인은 '과거'라는 굴레다. 정부 혁신이 어려움을 겪는 이유 중 하나도 바로 이 '과거' 때문이다.

이 총장은 기획처장을 위원장으로 하는 규정위원회를 구성해 규정을 바꾸기 시작했다. 규정집은 1978년 개정 이후 거의 손대지 않아 현실에 맞지 않는 항목이 한두 가지가 아니었다. 당시 김종의 기획처장이 규정위원회 위원들과 항목 하나하나를 놓고 씨름하며 개정안을 만들어, 매주 교무위원회에 올린 뒤 현실에 맞게 개정하거나 제정하는 절차를 밟아 나갔다.

규정 개정작업을 진행함과 동시에 장단기 발전계획위원회를 구성, 조직 구성원들의 학교발전에 대한 공감대를 형성하는 작업도 병행했다. 과거에 연연하지 않고 미래로 나아가기 위해서는 규정 재정립과 공감대 형성, 둘 다 추진해야 했다. 1년 동안 준비한 장단기 발전계획은 1995년부터 학교설립 100주년이 되는 2006년까지, 12년에 걸쳐 실행될 계획이었다.

제1단계는 '기반 구축기'로, 제2창학선언 이후 초기 3년 동안 제2창학에 대한 인식을 확산하고 기초 시설을 구축하는 제도를 마련하고 체제를 개편하는 데 중점을 두었다.

제2단계는 '확충기'로, 1998년부터 2001년까지 4년 동안 시설 구축을 가시화하는 기간으로 설정했다.

제3단계는 '완성기'로, 2002년부터 목표시점인 2006년까지 5년 동안 제2창학을 완성하고 장단기 발전계획 추진을 마무리하는 단계였다.

발전계획안은 '12년 마스터플랜'으로 이름 붙여졌다. 흔히 계획 Plan과 실행Do, 평가See를 경영의 성공 조건이라고 말하는데, 이 세 가지 조건을 어떻게 조합, 수행하느냐에 따라 경영활동의 성과가 달라진다. 숙대야말로 이 과정을 효과적으로 충실하게 이행한 성공사례이다. 이 총장의 능력 또한 이 부분에서 높이 평가된다.

계획을 세우지 않는 조직은 없다. 그러나 대부분 1년 정도의 단기계획에 그치는 경우가 많고, 5년이나 10년의 장기계획은 구체성이 결여된 막연한 주장에 그치기 십상이다. 그런데 숙대는 '세계 최상의 명문여대 진입'이라는 목표를 설정한 뒤 그 목표달성을 위한 치밀한 계획을 세우고 달성 시한을 구체화함으로써 경영학의 원리를 그대로 실천했다.

물론 그 과정이 순탄치만은 않았다. 많은 구성원들이 고개를 절레절레 흔들었다. 지향하는 목표가 너무 크고 원대하다는 이유였다. 특히 12년 동안 학교발전기금으로 1,000억 원을 모금하겠다는 비전은 비웃음을 사기까지 했다. 그때까지 숙명이 모금한 최고 실적이 2억 원에 불과하다는 사실을 상기한다면 사람들의 냉소적인 반응은 어쩌면 당연한 결과인지도 모른다.

이 총장은 하루아침에 구성원들 사이에 조롱의 대상이 되고 말았다. 마스터플랜 수립을 진두지휘해야 할 책임자에게 심지어 '정신이 상자'라는 혹평까지 가해졌다. 발전위원회에 참석하는 위원조차도 "계획은 계획이고 실천은 실천이다. 달성하면 좋고 달성되지 못하면 꿈을 꾸었다는 사실만으로도 의미가 있는 일"이라고 생각할 정도였으니, 숙명을 이끌어갈 총장의 어깨에는 가늠조차 어려운 무게의 짐이 지워진 셈이었다.

　어떤 조직이든 위기 상황에서는 리더의 생각과 철학이 매우 중요하다. 리더가 어떤 생각과 철학을 갖고 있느냐에 따라 위기 극복의 가능성이 결정되기 때문이다. 그렇다면 숙명여대를 혁신으로 이끈 이경숙 총장의 리더십의 핵심은 무엇일까. 이 총장은 어떤 리더십으로 12년 마스터플랜을 실행하고 성취했을까.

　이 총장의 리더십은 섬김리더십이다. 섬김의 리더란 명령, 군림, 지시, 감시하는 리더가 아닌 공감하고 설득하고 낮아지고 먼저 행동하는 리더를 말한다. 즉 수평적인 관계에서 배려와 존중을 실천해 구성원의 마음을 움직여 적극적 참여를 이끌어내는 리더를 말한다.

　섬김리더십을 이해하려면 리더십의 발전과정을 살펴볼 필요가 있다. 초창기 리더십은 특성론에서 시작한다. 리더는 원래 타고난다는 주장이다. 다음으로 행위론이 등장했는데 훈련을 통해 리더는 만들어진다는 주장이다. 이어서 상황에 따라 리더는 달라지고 변할 수 있다는 상황론이 등장한다. 그리고 등장한 것이 변혁적 리더십과 이슈 리더십이다. 리더십이란 변화와 혁신을 이끌고 이슈를 제기하는 사람이라는 것이다. 가장 최근에 등장한 이론이 바로 섬김리더십이다. 미국의 그린리프가 주장한 이론으로 섬김리더십의 핵심은 예수가 제자들의 발을 씻겨 주었듯이, 리더가 섬김을 받으려 하지 않고 겸손하게 솔선수범해 남을 섬기는 태도로 낮아지는 것을 말한다.

이 총장은 섬김리더십의 구체적인 행동전략으로 VICTORY를 실행했다. VICTORY는 V=Vision, I=Intelligence, C=Communication, T=Time management, O=Open-mind, R=Responsibility, Y=Yes의 각 첫 자를 조합한 말로, 그 자체로 승리의 리더십을 표현한다. 이어 VICTORY 하나하나에 대해 알아보기로 한다.

Vision : 꿈과 비전을 판다

꿈은 상황이나 환경을 뛰어넘어 자신이 진심으로 바라는 것을 말한다. 나이가 들면 꿈꾸는 것 자체가 어렵다고 하지만, 이 총장은 1994년에 취임하면서 숙대를 세계 최상의 명문여대로 만들겠다는 원대한 꿈을 가졌다. 개인의 꿈을 조직차원에서 보다 구체화시킨 것이 비전이므로, 비전은 장기적인 미래 설계도이자 뚜렷한 청사진이기도 하다. 그래서 비전은 구성원들의 공감대를 형성하고 활력을 모으는 구심점 역할을 한다.

이 총장은 "리더는 미래 사회를 종합적으로 전망하고 가시적인 마스터플랜을 제시해 구성원들의 의지를 하나로 모을 수 있어야 한다"고 말한다. 이 총장은 '세계화'와 '최상'을 기준으로 꿈과 비전 성취를 위한 장단기 목표를 수립했다. 세계 최상의 명문여대로서 기틀을 닦는 데 최소 12년이 필요했다. 좋은 시설과 훌륭한 교수는 기본요건이었다. 세계의 명문대학을 견학한 뒤 마스터플랜을 수립하니 필요한 돈이 1,000억 원이었다. 1,000억 원이 얼마나 큰돈인지도 모른 채 꼭 필요한 액수라고만 생각했다.

꿈과 비전과 목표가 분명해지니 '할 수 있다'는 자신감이 생겼다. 그러나 그 꿈이 실현되리라고는 아무도 믿지 않았다. 당시 숙대가 처한 상황을 고려할 때 너무나 황당한 꿈이었다. 모두 총장 혼자만의 꿈이라고 했지만, 좌절하지 않았다. 시간이 지나면 하나하나 실현되면서 구성원들도 동참하게 될 거라는 믿음이 있었다.

총장은 만나는 사람들에게 꿈과 비전을 들려주었고 함께 시작하면 현실로 만들 수 있다고 말했다. 총장은 어려서부터 꿈꾸는 것을 좋아했다. 교수가 되기 위해 숙대를 지원한 것도, 1968년에 미국 유학을 떠난 것도, 우리나라 여성 정치학 박사 3호가 된 것 역시 꿈과 비전이 있었기에 가능한 일이었다.

큰 꿈, 뚜렷한 비전, 정교한 목표, 이 세 가지가 늘 함께 붙어 다녔기에 꿈은 현실이 될 수 있었다. 무조건 꿈을 크게 꾼다고 해서 다 이루어지는 것은 아니다. 여기에 확고한 비전과 세심한 목표가 없다면 원대한 꿈은 사상누각에 불과하다.

모교를 향한 총장의 아름다운 꿈은 감사하는 마음에서 생겼다. 총장은 학창시절 꿈을 키워주신 교수님들의 사랑을 기억하고 있다. 숙대가 베푼 사랑과 격려를 생각하면 숙대는 자신에게 운명이라고 힘주어 말한다.

"숙대가 있었기에 저는 교수가 되었고 총장이 될 수 있었습니다. 모교에 너무 많은 사랑의 빚을 졌습니다. 빚쟁이는 그저 빚을 갚을 뿐이지 보상을 바랄 수 없습니다. 모교의 발전을 위해 봉사하고 헌신하는 것이 바로 제 의무이며 운명입니다.

김옥렬 전 총장님과 정규선 총장님께서 어려운 여건 속에서도 살신성인의 자세로 숙대를 지켜오시고 발전의 토대를 마련해 주셨기에 제가 학교 발전의 청사진을 그릴 수 있었습니다. 이 같은 역사와 전통을 기반으로 숙대를 세계적인 명문여대로 만들 것입니다. 그것이 저의 꿈입니다. 그러기 위해 어떤 일이라도 기꺼이 할 겁니다.

저는 동문들과 기업들에게 숙대의 꿈을 팔았습니다. 그 꿈을 향해 한 걸음 한 걸음 나아가는 숙명의 모습을 보여주니 호응이 따르더군요. 학교가 발전하는 모습을 보여주지 못한다면 어느 누가 돈을 기부하겠습니까?"

세월이 흐르면서 자신감을 얻은 꿈은 더더욱 커졌다.

"세계 최고의 리더십대학을 만들겠습니다. 2020년까지 대한민국 리더의 10%를 숙대가 책임지겠습니다."

Leader & Vision

숙대가 혁신에 성공할 수 있었던 첫 번째 이유는 바로 꿈과 비전과 목표를 확고하게 세웠기 때문이다. 구성원들이 두려워하는 것은 힘든 일이 아니라, 성취해야 할 비전이 없는 것이다.

이 총장은 조직의 정체성이 표류하고 있을 때 최상의 명문여대, 1,000억 원 모금, 최고의 리더십대학 등과 같은 비전을 제시하며 구성원들에게 희망과 용기를 주었다. 처음 비전이 제시될 때 곧바로 수긍하며 적극적으로 호응하는 조직은 많지 않다. 리더가 자신감을 보이며 일관된 행동을 보여줄 때 점차 호응도 높아진다.

Intelligence: 전문가를 인정한다

이 총장이 보직교수로 임용한 사람 중에는 개인적 친분이 전혀 없는 사람이 적지 않다. 교육학부의 이재경 교수는 임용된 지 6개월밖에 되지 않았는데 교수학습센터의 센터장으로 보직을 받아 본인은 물론 주위사람들을 놀라게 했다. 이 교수는 그때의 상황을 이렇게 설명한다.

"신임교수 임용식 때 뵌 적 외에는 만난 적이 없어요. 물론 총장님과 개인적인 인연도 전혀 없고요. 다만 교수학습이 제 전공 영역이란 것과 그쪽 분야에 경력이 있다는 것만 염두에 두시고 발령을 내리신 것 같아요. 처음 발령 소식을 들었을 때 놀라긴 했지만, 저의 전문성을 인정하시고 임명해 주셨으니 더욱 열심히 임무를 수행해야겠다는 마음이 들었습니다. 그런 초심을 항상 간직하며 최고의 성과를 거두기 위해 노력하고 있습니다."

또한 이 총장은 보직을 대접받는 자리가 아닌, 대학의 구성원으로서 자신이 속한 공동체의 발전을 위해 봉사해야 할 자리라고 생각한다.

"나를 싫어하고 좋아하고는 중요하지 않아요. 전문성을 갖추고 열정이 있다고 판단되면 당당하게 그 일을 맡아줄 것을 요청하고 봉사해줄 것을 부탁합니다."

Leader & Intelligence

아마추어는 일의 본질을 보지 못하고 본질의 주변에서 서성거린다. 그러나 프로는 기본과 원칙을 잘 알고, 그것으로 문제의 핵심을 바라보며, 문제해결로 자신의 능력을 증명한다. 인사人事가 만사萬事라고 하는 이유 역시 전문성을 중시하는 데서 생긴 말이다. 적재적소에 사람을 배치한다는 말은 바로 능력 있는 전문가를 발탁하는 것을 의미한다.

능력 위주의 인사는 누구를 위한 것인가. 바로 리더와 조직을 위한 일이다. 인연이나 코드에 따른 인사는 리더와 조직을 위한 인사라기보다는 당사자를 위한 인사일 가능성이 높다.

이 총장이 섬김리더십을 강조하면서도 전문성을 중시하는 이유는 능력이 그만큼 중요하다고 믿기 때문이다. 자리가 나면 그 자리에 적합한 사람이 누구인지를 먼저 보아야 한다. 그렇지 않고 사람을 보고 자리를 보면 소위 위인설관爲人設官, 즉 사람을 위해 자리를 마련하는 꼴이 되기 쉽다. 다음으로 봐야 할 것은 열정이다. 열정이 없으면 능력을 발휘할 수 있는 에너지를 만들어내지 못한다.

이 총장의 인사는 전문성과 일에 대한 열정을 함께 고려하기 때문에 사람을 발탁하는 데 탁월하다는 평가를 받는다.

Communication: 총장이 알면 말단 직원도 안다

　조직 구성원들을 조직의 목표에 자발적으로 집중하게 하려면 원활한 의사소통이 이루어져야 한다. 이 총장은 '총장이 알면 말단 직원도 안다'는 소통의 원칙을 세우고 투명경영과 윤리경영을 실천했다.

　학교의 모든 정책은 매주 3회 열리는 처장회의와 매주 1회 개최되는 교무위원회에서 열띤 논쟁을 통해 결정된다. 또 그 결과는 학교 홈페이지에 공개된다. 학교 예산 및 지출도 홈페이지에 공고되며 물품 구매는 경매 사이트인 옥션을 통해 이루어진다.

　김영란 사무처장은 숙명이 혁신에 성공할 수 있었던 이유를 다음과 같이 설명한다.

　"숙명의 자랑은 깨끗함과 정직입니다. 총장님은 이 아름다운 전통을 인터넷이라는 시스템과 연계해 투명경영으로 더욱 발전시키셨습니다. 총장이 알면 말단 직원도 안다는 철학을 실천으로 옮기신 거죠. 이런 의사소통은 구성원들의 공감대를 이끌어냈고 혁신을 가능하게 했습니다."

　투명성과 윤리성은 참여경영으로 이어진다. 꿈을 함께 이루기 위해서는 정보가 공유되고 토론이 가능한 조직을 만들어야 한다. 숙대는 이를 위해 학기 초와 학기 말에 전체 교수회의를 개최하여 교수들의 의견을 듣는다.

　교무처장을 지낸 조항덕 교수는 "교수회의에서는 난상토론이 벌어진다. 어떤 때는 세 시간이 넘는 릴레이 토론이 벌어지기도 한다. 숙대에서는 모든 사안이 회의와 토론을 통해 결정되기 때문에 비밀이 없다. 결정된 사항은 총장님도 쉽게 바꿀 수 없다. 또한 각 전공별로 모든 교수님들을 만나 의견을 묻는다. 그렇기 때문에 1997년에 학부제를 도입할 때도 큰 무리없이 진행할 수 있었다"고 전해준다.

총장과 재학생의 간담회도 매 학기 정기적으로 열린다. 학생처는 간담회 날짜를 미리 공지하고 질문을 접수한다. 간담회 당일에는 미리 접수된 질문에 대한 답변을 듣고 자유토론을 진행한다. 학생들은 간담회에서 건의만 하는 것이 아니다. "학교가 강의실에 전자시계를 설치한 덕분에 수업시간을 효율적으로 사용할 수 있게 되었습니다. 감사드립니다" 등과 같은 긍정적인 피드백도 이루어진다.

간담회에 참석한 총장과 교무위원들은 "자신의 의견을 당당하게 주장하면서도 감사한 마음도 표현할 줄 아는 우리 숙대생이 너무 대견하고 자랑스럽다"고 말한다.

정치외교학전공의 전경옥 교수는 "개개인에 따라 총장님의 어떤 면은 좋아하고 어떤 면은 싫어할 수도 있다. 그러나 총장님이 사람을 진실로 대한다는 의견에는 모두 동의한다"고 전한다.

Leader & Communication

의사소통이 원활한지 그렇지 않은지는 조직에서 토론이 가능한가를 따져보면 된다. 대화를 하긴 하는데 구성원들이 금기시하는 영역이 많다면 조직의 건강 상태는 좋지 않다고 볼 수 있다.

반면 난상토론이 벌어지는 조직은 건강한 조직이다. 문제의 본질에 집중하고 그 문제 해결을 위해 필요한 것이 무엇인지를 찾아내려면 서로의 의견을 아무 장벽없이 나눌 수 있어야 한다. 의견을 말하는 것조차 부담스럽고 어렵다면 그 조직에서는 일방적인 의사소통만 이루어지고 있는 것이다.

이 총장은 토론하기를 좋아하고 좋은 의견이 있으면 또한 기꺼이 받아들인다. 뿐만 아니라 자신의 의견이 옳다고 생각하면 상대방을 설득하려고 노력한다. 회의가 많은 숙명에는 자연스럽게 토론문화가 형성되어 있다. 매주 3회씩 열리는 처장회의, 매주 1회씩 열리는 교무위원회, 매 학기 2번 열리는 교수회의, 매 학기 학생회와의 간담회 등 학기 중에 끊임없이 회의와 토론이 열린다. 그리고 중요한 회의 자료는 모두 홈페이지에 올려 누구나 볼 수 있도록 한다.

Time Management: 질적인 시간 관리를 한다

이 총장은 하루 24시간이 부족할 정도로 바쁘게 뛰는 경영자다. 하루 일정은 놀라울 정도로 빡빡하다.

매일 새벽 4시 반에 일어나 교회에 나간다. 새벽기도를 하면서 하루의 시간 계획을 세우고 해야 할 일들을 정리하는 동시에, 시간 계획을 구체적으로 세워 중요한 일과 중요하지 않은 일을 구분한다. 시간 관리에 대한 총장의 철저함이 드러나는 대목이다.

원칙을 지키고 삶을 단순화하는 것도 시간 관리의 비결이다. 이 총장은 의사결정을 빠르게 내리는 것으로 유명하다. 원칙에 맞으면 Yes, 그렇지 않으면 No를 명확히 표현한다. 그래야 결정을 전달하는 데 오류가 없게 된다.

또한 권한위임을 잘하는 것으로도 유명하다. 목표관리를 철저하게 해서 일단 위임을 하면 믿고 맡긴다. 바로 여기에 끊임없이 창의적이고 도전적인 일을 할 수 있는 비결이 숨어 있다.

불필요한 시간요구에 대해서는 단호하지만 지혜롭게 거절한다. 계속 들어오는 강의요청과 원고청탁에 일일이 응하다 보면 자신의 일을 할 수 없기 때문에 정중하게 거절하는 경우가 많다.

자투리 시간을 잘 활용하는 것도 이 총장의 특성이다. 평생교육원장을 지낸 서영숙 교수가 총장의 시간 관리에 관해 전하는 일화가 있다.

"언젠가 국회의원 선거를 치른 다음날 회의가 있었는데, 자연스럽게 선거 결과를 가지고 얘기를 나누었다. 총장님을 포함한 참석자들 대부분이 밤늦게까지 개표방송을 봤고 나는 방송을 보면서도 시간 소비나 한다고 한탄을 했었다. 그런데 총장님의 시청하시는 태도가 나와는 너무 달라 어안이 벙벙했다.

총장님이 정치학자이다 보니 판세를 읽어 왜 그런 결과가 나왔는지를 분석하는 것까지는 이해할 수 있었다. 그런데 그다음 설명에 할 말을 잊었다. 총장님은 개표방송에서 나오는 국회의원 후보자들의 면면을 살피고 그 이름과 관련 정보들을 외우느라 밤을 꼬박 새셨단다. 개표방송에서 나오는 여러 정보들을 외우면 각 국회의원의 프로필이나 선거공약, 상대후보와의 지지도 차이, 지지 기반 등의 각종 데이터를 짧은 시간에 많이 기억할 수 있다는 설명이었다. 그렇지 않으면 하루 이틀 작심을 하고 외워야 하니 그게 또 얼마나 시간낭비냐는 것이었다."

한영실 교무처장 또한 시간 관리에 얽힌 이 총장의 일화 하나를 들려준다.

"어떤 날은 총장님과 하루에 12시간을 함께 지내기도 한다. 이렇게 오랫동안 같이 있다 보면 지루하거나 싫증이 날 법도 한데 긴 시간을 함께 있어도 지루하지 않고 재미있다는 데 총장님의 매력이 있다. 어떤 어려운 일이 있어도 문제의 핵심을 빨리 찾아내고 해결책을 고안하시기 때문에 일이 재밌어진다. 성취감을 느끼며 일할 수 있다. 총장님은 시간을 관리하는 데 양적으로 뿐만 아니라 질적으로도 뛰어난 능력을 가지고 있다."

Leader & Time Management

대부분의 현대인들은 '바쁘다'는 말을 입버릇처럼 한다. 물론 중요한 자리나 높은 자리에 올라갈수록 바쁠 수밖에 없다. 그러나 바쁘게 사는 데도 여유 있어 보이는 사람이 있는가 하면, 그렇지 않은 사람이 있다.

이 총장은 늘 바쁘지만 행복해 보인다. 질적인 시간 관리를 잘 한다는 증거다. 시간관리 전문가들이 제시하는 시간관리 비결은 이 총장에게 는 이미 체질화 되어 있는데 이를 정리하면 다음과 같다.

1. 시간 계획을 구체적으로 세운다.
2. 중요한 일을 먼저 한다.
3. 원칙을 지키고 삶을 단순화한다.
4. 달성 시한을 정하고 이를 지킨다.
5. 목표관리를 통해 권한을 위임한다.
6. 'No' 라고 단호하지만 지혜롭게 말한다.
7. 자투리 시간을 생산적으로 활용한다.
8. 기록을 중시하고 메모를 습관화한다.
9. 전화와 이메일을 적극 활용한다.
10. 아무리 바빠도 휴식시간을 갖는다.

Open-mind: 섬김은 열린 마음에서 나온다

섬김리더십을 부르짖는 이 총장에게 '과연 교직원이나 학생을 제 대로 섬길까' 하는 의혹의 말이 쏟아지기도 한다. 또 섬김의 느낌이 조금만 부족해도 "말과 행동이 다르잖아!"라는 식의 부정적인 평가가 내려지기도 한다. 때문에 섬김리더십은 자칫 부메랑이 되어 사람들의 신뢰를 잃어버리게 만들 수도 있다.

이 총장은 신뢰와 리더십에 대해서 다음과 같이 말한다.

"가장 큰 영향력은 섬김과 헌신으로부터 나온다. 타인을 자신과 같이 존중하고 대접받고 싶은 대로 남을 대접할 때 사람들은 마음을 열어 자발적으로 협력한다. 이러한 섬김과 헌신의 문화는 개인과 조직의 성장으로 이어진다. 영향력을 가진 사람일수록 자신은 봉사자라는 생각을 해야 한다."

이 총장은 섬김리더십의 모델을 성경에서 찾는다.

"예수님이 제자들의 발을 씻어주는 모습은 섬김리더십의 좋은 사례이다. 자기를 높이는 사람은 낮아지고 자기를 낮추는 사람은 높아지는 진리를 이해할 필요가 있다. 섬김은 정직과 겸손, 언행일치에 뿌리를 둔다. 또한 타인에 대한 이해와 배려, 인내와 사랑을 바탕으로 한다. 섬김은 이기적인 경쟁과 갈등의 벽을 허물어 조화와 협력의 아름다운 관계를 맺는 출발점이다."

이 총장에게는 몸에 밴 행동 하나가 있다. 총장실을 찾아오는 사람이 누구든 간에 총장 자신이 직접 엘리베이터까지 나와 밝은 미소로 배웅하는 일이다.

2007년도 학생회장인 민 정 양은 "총장님의 자상하고 겸손하신 모습을 보면 저절로 존경심이 생겨요. 학생들이 찾아가도 늘 엘리베이터 입구까지 나오셔서 격려해 주세요. 그 모습은 감동 그 자체입니다"

라고 말한다.

이 총장은 교수 채용을 할 때도 섬김리더십을 진지하게 강조한다.

"우리 학교 교수님이 되신 분들은 열심히 공부하셨으니까, 박사가 되고 교수가 되셨을 겁니다. 최고 대접을 받고 싶으신 마음도 이해되지만 우리 학교는 섬기는 대학입니다. 이제부터는 직원과 학생들을 섬겨주세요. 그러면 자연스럽게 섬김을 받게 될 것입니다."

이 총장은 자신을 비판하는 사람들도 열린 마음으로 대한다. "나를 비판하는 사람들이 있기에 투명경영과 윤리경영을 하지 않을 수 없다. 비판은 문제의식에서 출발한다. 즉 다시 생각해야 할 부분이 있다고 말해주는 것이다."

한영실 교무처장은 "가끔 사람 문제로 총장님께 고민을 털어놓으면 '그 사람을 위해 기도하자'고 하신다. 처음에는 이해되지 않았지만 시간이 지나 돌아보니, 보직교수는 어떤 사람이나 비판도 열린 마음으로 받아들일 수 있어야 한다는 생각이 든다"고 말한다.

Leader & Open-mind

『로마인이야기』의 저자 시오노 나나미는 로마가 열악한 환경조건에서 제국을 건설할 수 있는 이유는 개방성, 즉 열린 마음에 있었다고 말한다. "지성에서는 그리스인, 체력에서는 켈트족과 게르만족, 기술력에서는 에트루리아인, 경제력에서는 카르타고인보다 못한 로마인에게 이들 민족보다 뛰어난 점이 있었는데 바로 개방성이다."

'코리아 디스카운트Korea discount'란 말이 있다. 한국 기업들이 주식시장에서 실제 가치보다 낮게 평가되고 있다는 말이다. 이유는 간단하다. 한국 기업들은 선진 기업들처럼 투명성을 보장하지 않기 때문이다. 윤리경영 역시 투명성과 함께 강조되는 덕목이다. 윤리성이 의심을 받으면 구성원들의 열정을 끌어낼 수가 없다. 윤리성은 경영의 파란불과 빨간불을 켜지게 하는 센서의 역할을 한다. 투명성과 윤리성이 있어야 열린 마음이 꽃필 수 있다.

Responsibility: 모든 책임은 리더에게 있다

이 총장의 머릿속은 오직 숙대로 가득 차 있다. 항상 숙대 배지를 달고 다닌다는 것이 이를 보여준다. 총장의 차량 번호는 2006번인데, 이 번호도 숙대와 관련이 있다.

장혜영 비서실장은 "2006년은 창학 100주년이 되는 해이고 1,000억 모금을 달성해야 하는 목표연도이기 때문에 차량번호를 2006번으로 했다"고 설명한다. 총장이 숙대에 느끼는 책임감이 어느 정도인지 짐작할 수 있을 것이다.

입학처장을 지낸 박동곤 교수는 "총장에게는 오직 숙대의 발전만이 관심사이다. 좋은 아이디어를 들으면 곧바로 숙대에 적용할 방법을 찾는다. 사실 총장 자리가 한두 번은 몰라도 네 번을 할 정도로 매력적이진 않다. 보직교수도 2년 하면 싫어지는 경우가 대부분이다. 총장은 많은 사람들을 상대하고 기금을 마련해야 하는 자리이다. 여건이 갖춰져 있으면 모를까 조건이 열악한 상태에서 그렇게 오래 총장의 역할을 한다는 것은 사명감과 책임감이 없이는 어려운 일이다"라고 설명한다.

관리자로서 적당히 하겠다고 했으면 고난과 시련도 없었을 것이다. 그러나 총장에게는 세계 최상의 명문여대를 만들겠다는 사명과 책임감이 있었다.

이 총장은 숙대를 위해 태어났고 숙대 때문에 성장했다. 과로로 쓰러져 두 번이나 응급실에 실려 갔을 때도 업무 걱정뿐이었다고 한다.

남편인 고려대 최영상 교수는 "이 총장의 시간에는 가족도 없었다. 또 지쳐 쓰러질 때까지 자신의 건강을 챙길 여유도 없었다"고 말한다.

Leader & Responsibility

리더는 책임을 지는 사람이다. 직위가 높을수록 책임의 크기도 커진다. 책임지는 자리에 있기 때문에 리더는 조직의 대표이고 얼굴이다. 이는 기업의 목표관리를 보면 분명하다. 사장의 목표는 곧 회사의 목표다. 리더는 공을 자기의 것으로 생각해서는 안된다. 잘한 일은 부하들의 공으로 돌리고 잘 못한 일은 자신의 책임으로 돌려야 한다. 조직의 구성원들을 탓하는 리더는 연장을 탓하는 농부와 같다.

'노블리스 오블리제' noblesse oblige 나 '수신제가치국평천하' 修身齊家治國平天下는 곧 리더의 책임과 솔선수범을 의미한다.

"잘못된 오케스트라는 없다. 다만 무능한 지휘자가 있을 뿐이다."

리더의 무한 책임을 강조하는 말이 아닐 수 없다.

Yes: 긍정은 찾는 게 아니라 창조하는 것이다

이 총장은 한 마디 말에 창조의 능력과 파괴의 능력이 있다는 것을 알고 있다.

취임 초 막대한 액수의 세금고지서가 날아들고 어려움이 가중되던 때, 각 처장들은 총장실에 들어오면서 으레 한숨부터 쉬었다. "아이고, 죽겠네요!"라는 말이 인사가 될 정도였다. 오는 사람마다 안 된다거나 어렵다는 부정적인 말들을 쏟아내는 분위기에서 한 달여를 보내다 보니 총장 역시 '나도 죽겠네' 하는 생각이 들었다.

리더십을 강연할 때마다 "긍정적인 언어를 쓰고 표정도 밝게 하고 늘 웃으라"고 말했지만, 막상 그런 상황에 처하고 보니 말처럼 행동하기가 쉽지 않았다.

총장은 이런 분위기를 바꿔야 한다고 생각했다. "앞으로 한숨을 내쉬면서 죽겠다고 말할 사람은 절대 총장실에 들어오지 말라"고 요청했다. 그리고 "어휴, 죽겠네!" 대신에 "어휴, 살겠네!"라는 말을 하자고 제안했다. 그랬더니 들어오는 사람마다 "어휴"라고 부정적인 말을 하려다가도 총장의 얼굴을 보는 순간 "살겠네요!"라며 말꼬리를 바꿨다. 교직원들은 총장실을 나오며 "어휴, 살겠네요!" 하고는 웃음을 터뜨렸다. 교직원들의 그런 모습에 총장도 박장대소를 했다.

웃으니까 분위기가 달라지면서 힘든 일도 긍정적으로 바라보는 눈이 생겼다. 덩달아 일도 서서히 풀리기 시작했다. 또 사소한 칭찬거리도 놓치지 않고 서로를 격려하는 기회로 삼았다. 칭찬할 게 없을 때는 '헤어스타일이 참 좋네요', '넥타이가 옷과 잘 어울려요' 하며 일부러 작은 얘깃거리라도 찾아 칭찬했다.

힘들고 어려운 상황에서도 웃으며 칭찬하다 보니 보직 교수들도 기분이 좋아졌고, 그 분위기가 직원들에게도 전해져 새로운 격려 문화가 학교를 생기 있게 만들었다.

이 총장은 취임초에 일부 교수들을 보면서, "어쩌면 저렇게 이기적이고 자기중심적일까?", "이해관계가 상충되면 어떻게 저렇게 순식간에 변할 수 있는 거지?"라는 생각을 지울 수 없었다. 그런데 시간이 지나면서 '인간이 자신의 이해관계를 우선시하고 자기중심적으로 행동하는 것은 지극히 자연스럽고 본능적'이라는 사실을 깨달았다. 정도의 차이는 있을지언정 총장 스스로도 다른 교수들과 크게 다를 바 없다고 생각하니 부끄러움이 앞섰다.

그런 깨달음을 계기로 남을 배려하고 봉사하며 사랑을 실천하는 교수는 보통사람이 아니라 훌륭한 사람이라고 생각하자, 세상 사람들

모두가 보통 사람 아니면 훌륭한 사람으로 보였다. 사람을 '보통 이하의 사람과 보통 사람'으로 구분하던 것에서 '보통 사람과 훌륭한 사람'으로 바꾸자 인간관계의 새로운 지평이 열리기 시작했다. 이기적이라며 불편하게 느꼈던 사람도 한편은 이해가 되면서 존귀하다는 생각이 들었다. 또 인간 사고의 폭이 얼마나 넓은지도 다시 생각하게 되었다. 인생의 깊이를 깨달았고 한 사람 한 사람과의 인연을 소중하게 생각하게 되었다.

Leader & Yes

칭찬과 격려가 담긴 긍정적인 말은 창의력을 높이지만 비판과 불만이 담긴 부정적인 말은 열정을 떨어뜨린다. 부정적인 생각은 전염의 속도가 빠르기 때문이다. 긍정적인 생각도 마찬가지다. 열정을 가진 사람이 긍정의 논리를 가지고 있으면 조직의 분위기도 금세 긍정적으로 바뀐다.

이 총장의 열정 또한 긍정적인 태도에서 나온다. 장혜영 비서실장은 총장이 긍정적인 표현에 대한 부탁의 말을 한 적이 있다고 한다.

" '말에는 힘이 있기 때문에 말 자체가 사람에게 큰 영향을 미친다. 피곤하겠다고 인사를 하면 피곤이란 말이 나에게 영향을 미쳐 정말 피곤하게 느껴진다'는 것이다. 그러면서 아침 인사는 밝고 긍정적으로 해달라고 정중하게 부탁하셨다. 나는 말의 힘에 대해 처음으로 진지하게 생각하게 되었다. 그리고 총장님의 활기찬 에너지가 바로 긍정적인 말과 태도에서 나오는 것임을 알 수 있었다."

인생의 등불을 만나다

경기여고에 다니던 이경숙 학생은 고3 때 대학선택을 놓고 고민에 빠졌다. S대 법대를 가기 위해 준비하고 있었는데, 그 해 숙대에서 실시한 학력 경시대회에서 1등을 하면서 4년 전액 장학금에다 미국 유학의 입학 조건을 제안받았기 때문이다. 장래 꿈이 대학교수인 이 양으로서는 고민에 휩싸이지 않을 수 없었다.

이 때 명쾌한 길을 제시한 분이 바로 권진숙 담임선생님이다. "네가 법대로 가면 판검사는 될 수 있을지 모른다. 하지만 여자로서 S대 교수가 되기는 거의 불가능하다. 숙대로 가거라. 그러면 너의 꿈대로 교수가 될 수 있을 것이다. 그리고 여성 지도자가 되고 싶으면 여대로 가라"고 강하게 충고했다.

선생님의 조언에 따라 숙대에 진학한 후에는 수석입학, 학생회장, 수석졸업이라는 진기록을 수립한다. 이 총장은 섬김리더십의 뿌리는 바로 은사님이라고 말한다.

"나에게는 김순식 총장님, 윤태림 총장님을 비롯한 여러 교수님들의 가르침과 사랑이 DNA처럼 새겨져 있는 것 같다. 우리나라 최초의 회계학 박사이시자 숙대 재학시절의 총장이셨던 김순식 총장님은 학생회 임원들을 댁으로 초대해 즐거운 회식 자리를 마련해 주시곤 하셨다. 또 윤태림 총장님은 인생의 비전을 열어주셨고 모든 일에 정직하고 투명하게 사는 방법을 당신의 삶으로 보여주셨다."

이 총장은 미국 유학을 마치고 교수가 된 후 학교에서 주요 보직을 맡게 되면서 리더로서도 성장하게 된다.

"김옥렬 총장님은 부족한 나에게 정법대학 학장의 중책을 맡기셔서 학교 행정을 접할 기회를 주셨다. 학장을 하면서 학문연구에 대한 교수님들의 열정이 얼마나 중요한지를 깨달았다. 또 김 총장님은 학자로서의 자세와 열정을 가슴 깊이 심어주셨다.

정규선 총장님은 기획처장에 나를 두 번이나 임명해 주셔서 학교 행정을 자세히 파악할 수 있게 훈련시켜 주셨다. 그래서 나는 기획과 경영을 구체적으로 학습할 수 있었다.

총장님들의 사랑과 가르침으로 나는 많지 않은 나이에 총장이 될 수 있었다. 선배 총장님들이 숙대 출신으로서 어려운 형편에서도 자부심을 가지고 학교를 깨끗하게 이끌어 오셨기에 지금의 숙대가 있는 것이다. 나의 성장뿐만 아니라 숙대 중흥의 발판을 마련해 주신 전임 총장님들께 깊이 감사드린다."

그리고 이 총장은 "총장님들이 나에게 주신 그 사랑과 가르침을 갚기 위해 제자들에게 똑같은 사랑을 베풀어야 한다는 생각으로 지금껏 살아왔다"고 강조한다.

●
○
●

대학사회가 지성과 학문이라는 틀에 얽매여 있을 때

그 틀을 과감히 깨고 '경영'의 개념을 도입했다.

즉 총장은 주식회사 숙명여대의 CEO, 교수와 직원들은

임직원, 학생은 고객으로 전환시켰다.

'고객감동'은 대학의 목표가 되었다.

2부

혁신의깃발을
올리다

마인드 프레임을 바꿔라

'안 된다'고 하지 말고 '방법'을 찾자

비전을 성취하는 데 필요한 1,000억 원의 발전기금을 모으겠다는 말이 퍼져나가자 십중팔구 '어처구니없다'는 반응이 돌아왔다. 당장 1994년 한 해 예산만 하더라도 적자가 예상되었다. 그렇다고 당연한 반응에 고개를 끄덕이며 주저앉을 수는 없었다. 학교 발전을 위해서라면 어떻게든 방안을 찾아봐야 했다.

우선 컨설팅회사를 찾아가 대학 동문들을 상대로 모금운동을 대행해줄 것을 의뢰했다. "숙대의 조건을 고려할 때 10억을 모금하기도 쉽지 않을 것 같다." 이것이 첫 회의에서 그들이 내놓은 의견이다. 그러나 총장은 물러서지 않았다.

"그 정도 액수라면 컨설팅회사에 의뢰하지도 않았습니다. 좀 더 획기적인 모금방안을 마련해주세요."

한 달 뒤, 컨설팅회사는 최대한 낙관적인 전망을 하더라도 100억 원 이상의 모금은 어렵고, 또 이를 수행할 경우 10%의 용역비를 지불할 것을 요구했다.

총장은 기획처장에게 "발전기금 모금은 우리가 직접 주관하고 컨설팅회사에는 우리가 직접 할 수 없는 것만 케이스별로 의뢰하는 것이 좋겠다"고 제안했다. 이제 발전기금 1,000억 원 모금은 후퇴할 수 없는 지상목표가 되고 말았다.

숙대가 손을 내밀 수 있는 첫 번째 대상은 역시 동문들뿐이었다. 그들의 마음을 움직이는 게 급선무였다. 그들의 마음을 사로잡을 묘책이 필요했지만 관계자들과 함께 아무리 머리를 쥐어짜도 기발한 생각은 떠오르지 않았다. 동문들의 애교심에 불을 붙일 캐치프레이즈가 필요했다. 거듭되는 고민 끝에 드디어 아이디어 하나가 떠올랐다.

'등록금 한 번 더 내기 운동'

당시 인문사회계열의 한 학기 등록금이 150만 원이었으니 '등록금 한 번 더 내기 운동'은 곧 150만 원 이상의 기부를 부탁하는 운동이었다. 이보다 더 좋은 아이디어는 없을 거라는 긍정적인 반응을 얻은 김에, 구호 하나를 더 만들었다.

'등록금 1년 더 내기 운동'

등록금을 한 번 더 내면 창학 100주년에 맞춰 발간할 『숙대 100년사』에 이름을 명시하고, 1년치 등록금 300만 원을 내면 제2창학 기념 조형물에 이름을 새겨 영원히 보존하겠다는 조건도 함께 제시했다.

문제는 동문들의 소재를 파악하는 일이었다. 당시 숙대 졸업생은 약 4만 3,000명이었는데, 일일이 그들의 소재를 찾아내기란 쉬운 일이 아니었다. 이상숙 총동문회장은 동문발굴전담팀을 만들어 '숨어있는 동문을 찾아라' 라는 긴급 프로젝트를 발동했다. 12명의 졸업생들이 2개월 동안 밤을 새며 찾아낸 동문의 수가 2만 6,000명에 이르렀다. 총동문 60%의 소재가 파악된 셈이다.

동문 모두에게 숙대의 소식지 「청파소식」을 보내 학교의 변화를 알림과 동시에 인사를 전했다. 이어서 총동문회 회장단, 단과대학과 졸업기수별 대표 120명을 초청해 학교의 꿈과 비전과 목표를 설명한 뒤 도와달라고 간청했다.

1995년 2월 22일 오후 5시 30분, 서울 힐튼호텔에서 제2창학 선언 발기인대회를 개최하기로 했다. 초청인원은 창학 100주년이 되는 2006년에 맞춰 2006명으로 결정했다. 2006명이라는 숫자 자체만으로도 대단한 모험이었다. 소수의 외부 인사를 제외한 대부분의 초청인사가 이미 가정주부가 된 동문들인지라 참석 자체부터 쉽지 않을 일이었다. 게다가 저녁식사를 준비해야 할 시간에 그것도 '등록금 한 번 더 내기 운동' 이라는 엄청난 부담을 안고 참석할 수 있을지는 상식적으로 생각해도 말이 안 되는 도전이었다.

동문들에게 행사내용을 알리기 위해 12개 신문에 5단 광고를 실었다. 재정이 적자인 마당에 홍보비로 거금을 지출했으니 이 또한 모험이었다. 그런데도 분위기는 여전히 미적지근, 달아오를 기미가 안 보였다.

이것만으로는 부족하다고 느낀 총장은 직접 KBS TV 시사 프로그램 〈뉴스광장〉에 출연해 대학개혁과 발전에 대한 대담을 나누었다. 총장은 대학개혁의 문제점과 방향에 대해 전반적인 내용을 설명한 뒤, 구체적인 사례로 숙대가 동문을 상대로 벌이고 있는 기부금 모금 운동에 대해 소개했다.

"대학이 개혁하고 발전하려면 동문, 기업, 국가 모두의 재정 지원이 필요합니다. 숙대의 경우, 오는 2월 22일 오후 5시 30분에 힐튼호텔에서 제2창학 발기인대회를 열어 모금행사를 합니다. 동문들의 적극적인 참여가 필수적입니다."

'할 수 있을까'에서 '할 수 있다'로

1995년 2월 22일, 드디어 숙대가 제2창학을 선포하는 날이 하루 앞으로 다가왔다. 이 총장과 실무자들은 기대와 설렘보다는 불안과 걱정에 사로잡혔다. 행사 장소인 힐튼호텔 지배인에게서 걸려온 전화 한 통은 실무자들의 불안을 더욱 자극했다.

"총장님, 내일 저녁 도시락 몇 개 준비할까요?"

"2006명을 초대했으니 2006개를 준비해 주세요."

"K대학, Y대학, H대학이 이와 비슷한 행사를 했었는데 1,000명을 넘지 못했거든요. 이들 대학의 졸업생이 20만 명이 넘는데도 그랬는데, 숙대 졸업생은 4만 명밖에 안 된다면서 어떻게 2,000명이 모인다고 그러십니까?"

"걱정하지 마세요."

"1,500명만 모여도 대성공이니 1,500명분을 준비하면 어떨까요?"

도시락 하나가 3만 2,000원, 500개가 남을 경우 1,600만 원의 손해를 입게 된다. 그러나 의미를 부여해 정한 2,006명이라는 숫자를 바꿀 수는 없었다. 그것도 '인원이 다 차지 않을까봐서'라는 나약한 이유로 말이다. 총장은 "그냥 2,006명 분 준비해 주세요!"라고 단호하게 말했다.

30분 후, 네 명의 처장이 몰려왔다. 한참을 머뭇거리더니 "저, 총장님, 내일 아무래도 2,006개의 도시락을 예약하는 것은 무리인 것 같습니다. 1,500개만 예약하면 어떨까요?"라며 입을 열었다. 지배인이나 처장들의 걱정은 당연한 것이었다. 그러나 '숙명'이라는 배의 선장인 총장은 어떻게든 배의 키를 돌려야만 한다. 그리고 결정은 곧 책임을 의미한다. 2,006개냐, 1,500개냐 결정을 내려야 하고 그에 따른 책임도 져야 한다.

'리더는 자기 말에 책임 져야 한다. 2,006개를 고수하자. 만약 사람들이 적게 와서 1,600만 원이 손해나면 내가 책임지도록 하자. 한 달에 100만 원씩 16개월 동안 내 월급에서 공제하면 학교에는 손실이 없으니 문제될 게 없지 않은가.'

초조하게 기다리는 처장들에게 "내가 책임질 테니 염려 말고 예정대로 2,006명분 예약하세요"라고 웃으며 말했다. 총장의 단호한 결정에 처장들은 당황했다. 불안과 걱정 어린 눈초리로 문을 나서는 그들을 보며 총장은 몇 번이고 "걱정하지 말라"는 안심의 말을 건넸다.

사람들이 몰려오고 있어요

드디어 운명의 날이 밝았다. 하나하나 행사를 점검하면서 기대와 설렘에 가슴이 벅찼다. 참 묘한 감정이었다. 전날까지만 해도 먹구름처럼 자리하고 있던 불안과 걱정이 말끔하게 사라진 게 그저 신기할 따름이었다.

'걱정은 아무것도 변화시킬 수 없다'는 진리를 잘 알고 있는 총장은 오로지 앞으로 나가는 일 외에는 다른 대안이 없다고 생각했다. 젖먹던 힘까지 다해 준비한 터라 아쉬움은 없었다. 오후 3시쯤, 행사장에 나가 있는 선발대로부터 기쁜 소식이 날아들었다.

"행사장으로 찾아오는 차량들 때문에 호텔 주변이 혼잡을 빚고 있습니다!"

'됐어, 그래! 예감이 좋아!' 아직도 본 행사가 시작되려면 2시간 이상이 남았는데 벌써부터 혼잡한 상황이라니, 이 얼마나 유쾌한 소식이란 말인가. 시간이 지나면서 인파는 점점 불어났다. 선발대에서 또다시 다급한 목소리의 전화가 걸려왔다.

"큰일 났어요. 사람들이 파도처럼 몰려오고 있어요!"

그동안 가정에서 현모양처의 위치를 지키며 조용하게 지내던 동문들이 삼삼오오 짝을 지어 전철로, 택시로, 자가용으로 행사장인 호텔을 향해 오고 있었던 것이다.

행사장에 도착한 총장은 용광로처럼 타오르는 격정의 감정을 감추지 못했다. 이 날 행사장을 찾은 사람들의 수는 2,500명이 넘었다. 너나없이 모두가 놀란 숫자였다. 이 총장은 그 어느 때보다도 신나고 힘찬 목소리로 제2창학 선언문을 읽어나갔다.

이 날 약정된 모금액은 62억 원이었다. 과거 2억 원이 모금의 최고 실적이었던 것에 비해 하루 만에 60억 원이 넘는 액수의 모금은 그야말로 기적이었다. 숙대가 과거의 영화를 되찾고 미래에 대한 자신감을 회복하는 계기가 된 기적의 날이었다.

기적의 견인차, 숙명 동문회

숙명여대의 전신인 숙전(숙명여자전문학교) 출신들의 자부심은 대단하다. 당시 일제 치하에 있던 언론에선 학교가 설립(1939년)되기도 전에 '여자교육계의 새로운 대들보(조선일보)', '교육조선의 뛰어난 선물(동아일보)' 등의 제목으로 숙전의 개교를 미리 축하할 정도였다. 더욱이 전국 13도 명문여고 우등생들이 몰려와 국민의 기대를 모았다.

숙전생들은 실력뿐만 아니라 멋진 교복으로 유명세를 타기도 했는데, 흰 블라우스, 왼쪽 깃에 다는 눈꽃 문양의 교표, 감색 세미스커트, 특히 실크 리본 넥타이는 숙전 여학생만의 독특한 자존심이었다. 봄이나 여름, 가을에는 치마와 블라우스를 입었고 겨울이 되면 짙은 남색 재킷을 입었다.

당시 경성제국대학교 학생이었던 서명원 전 숙대 총장은 "옛날 숙전생들은 대학가에서 무척 인기가 있었어요. 우수한 학교 학생이라는 이미지에다 교복까지 예뻤기 때문에 당시 학생들에게 선망의 대상이었죠"라고 숙전 초창기의 모습을 회고한다.

이런 숙전생들이기에 학교를 졸업한 그들의 자존심은 하늘 높은 줄 몰랐다. 하지만 해방 후 학교의 주인이 없는 상태가 계속되면서 숙전 출신을 포함한 숙대 졸업생들은 동문회에 별다른 기대를 하지 않게 되었다.

이 총장은 1,000억 원 모금을 실행하면서 동문들이 모이는 곳이면 어디든지 찾아갔다. 그러나 동문들의 냉랭한 반응 앞에서 당황을 금치 못했다. 그럼에도 숙전 대선배들의 뿌리를 찾겠다는 의지를 꺾지 않았다.

"당시 그분들은 모교와 연락이 끊어진 상태였습니다. 찾아뵙겠다고 하니까 '오지 말라'는 대답이 대부분이더군요. 그래도 저는 선배님들을 찾아가 큰절을 하고 무릎을 꿇었습니다. 그리고 50년 동안 찾아뵙지 못하고 섬김을 다하지 못해 죄송하다고 사죄했습니다."

원로 동문들은 모교의 위상이 예전 같지 않다는 사실 때문에 노여움을 가지고 있었다. 이 총장은 사죄 인사를 드린 후 학교의 비전을 설명하면서 "선배님들이 다니던 시절의 위상을 되돌려 드리겠다"고 약속했다. 희망의 빛을 감지했는지 그 후 대선배들은 동문회 활동에 적극적으로 나서기 시작했고 '등록금 한 번 더 내기 운동'도 성공할 수 있었다. 이후로도 동문들이 보여준 학교사랑은 가슴 뭉클할 정도다.

"모금을 시작한 지 얼마 안 됐을 때의 일입니다. 하루는 1940년에 입학한 숙전 2회 선배 두 분이 총장실로 찾아왔습니다. 동기 10명이 유럽으로 여행하려고 계를 만들어 3,000만 원을 모았는데 모교발전에 보태기로 했다면서 돈을 전해주셨어요. 또 IMF 외환위기 때 100만 원을 들고 찾아 온 동문의 이야기도 있습니다. 50만 원만 납입한 상태에서 중소기업 사장인 남편 회사가 부도가 났다더군요. 그런데 남편이 100만 원을 주면서 '우리 이 돈 없어도 사니까 당신 모교발전에 보태' 라며 쥐어준 돈을 들고 찾아온 거예요. 눈물이 나서 받을 수가 없더군요. 그랬더니 이 분 말씀이 '이 돈을 받아 주는 게 저를 살려주는 겁니다' 라고 해서 눈물을 흘린 적이 있어요."

거액을 기부하는 동문들도 늘어나기 시작했다. 미국에서 활동하는 황젬마 동문은 "제 평생 소원은 모교 숙명이 세계 명문여자대학이 되는 것입니다. 총장님의 리더십을 바탕으로 미래를 향해 나아가는 모교를 위해 작은 정성이지만 발전기금을 기탁합니다. 한 가지 부탁은 익명으로 해주셨으면 하는 겁니다"라고 하면서 96년부터 지금까지 11억 원을 기증했다.

배상면주류연구소 대표이사로 활동 중인 한상은 동문은 100주년 기념관 건립기금으로 20억 원을 쾌척했다. 2003년에 개최된 '모교방문의 날' 행사에 참석한 한 동문은 "남자들만 선후배 관계가 있는 줄 알았는데 우리도 이렇게 끈끈한 선후배 관계가 있는 줄 몰랐다"고 소감을 피력하며 모교의 발전된 모습을 둘러보고 흔쾌히 발전기금을 기탁했다.

정춘희 총동문회장은 모교 발전을 위해 물질뿐만 아니라 시간까지도 스스럼없이 내놓는다. 정 회장과 남편인 이건수 동아일레콤 회장은 14억 7,000만 원이라는 기금을 기탁해 모교에 대한 각별한 사랑을 보여준 바 있다.

정 동문회장은 숙대 출신 7만여 명을 대표하는 총동문회장으로서,

동문회에 대한 애정을 다음과 같이 표현했다.

"그동안 동문회 활동을 하면서 우리 대학 동문들의 따뜻한 마음을 느꼈습니다. 또 모교의 발전을 위해서라면 수고를 아끼지 않는 동문들의 숙명사랑에 많은 감동을 받았습니다. 전임 동문회장님들이 동문회의 기초를 잘 닦아 놓아 제가 편하게 일할 수 있습니다. 우리 사회도 이제, 기부는 가진 사람들의 사회에 대한 도덕적 의무임을 인식해야 합니다. 앞으로도 모교 발전과 후진양성을 위해 최선을 다하겠습니다."

정 회장의 남편인 이건수 회장은 숙명 사위들의 모임인 숙명사랑후원회 회장도 맡고 있어 부부의 숙명 사랑이 어느 정도인지를 가늠하게 한다.

모금운동의 실무책임을 맡고 있는 발전협력팀의 이정숙 팀장은 "학교 발전기금에 얽힌 감동적인 사연은 이루 헤아릴 수 없을 만큼 많다. 숙대 동문들의 모교 사랑은 유별나다는 평을 받고 있다"고 소개한다.

대학은 주식회사, 총장은 CEO, 학생은 고객

숙대 혁신을 얘기할 때 빠짐없이 등장하는 말이 있다. 바로 'CEO 총장'이다. 이 총장은 대학사회가 지성과 학문이라는 틀에 얽매여 권위주의에 빠져 있을 때, 그 틀을 깨고 경영학적 개념을 과감하게 적용해 대학혁신을 주도한 인물이다.

행정에 경영의 개념을 도입하며 총장은 주식회사 숙명여대의 CEO, 교수와 직원들은 임직원, 학생은 고객으로 전환시켰고 고객감동이라는 개념을 대학의 목표에 적용했다. 이런 경영마인드는 '주식회사 숙명여대' 라는 한 마디로 표현할 수 있는데, 이 개념이 가장 활성화된 영역이 특수대학원이다. 학부나 일반대학원에서는 교육 고유의 목표를 달성하기 위해 경영 측면만을 고려할 수 없기 때문에 '주식회사' 라는 개념이 문자 그대로 적용되기에는 어려움이 있다. 그러나 특수대학원은 다르다. 철저한 경영마인드로 운영된다. "다른 대학과 차별화되어야 함은 물론, 반드시 독자 경영이 가능할 정도로 수익성을 만들어야 한다"고 말한다.

　　이런 방침이 적용된 대표적인 사례가 있다. 조직혁신의 일환으로 11개 대학원을 원장 한 명이 총괄하도록 한 것이 그것이다. 과거 각 대학원마다 원장과 사무직원이 있던 운영 시스템을 원장 한 명이 총괄하도록 대체했고, 그 결과 행정비용이 11분의 1로 줄어드는 효과를 거뒀다. 대신 각 대학원의 주임교수에게 권한을 대폭 위임해 전문성을 최대한 발휘하게 했고 원장은 행정을 지원하는 일에 집중하도록 했다. 원장과 주임교수 간의 확실한 역할 분담은 교육과 행정업무 모두를 만족시켰다.

　　한마디로 특수대학원에서는 초일류기업이 선호하는 목표관리와 예외관리 개념이 일상화된 것이다. 2002년부터 원장을 맡고 있는 목은균 교수는 "대학원 교학팀이 헌신적으로 교수들을 뒷받침하고 있어 행정의 효율성이 매우 높다. 또 11개 대학원 모두가 성공적으로 운영

돼 학교 재정에도 많은 도움이 되고 있다. 이런 우리 대학원의 혁신 모델을 벤치마킹하기 위해 다른 대학의 문의와 견학이 끊이지 않는다"고 설명한다.

원격대학원에서 실버산업전공을 담당하는 김숙응 주임교수는 "우리는 항상 최초, 최고에 도전한다는 목표로 학생을 가르치고 행정업무에도 임한다. 우리의 이런 마인드는 학교 이미지에 긍정적인 영향을 미친다고 생각한다"고 말한다.

숙대 특수대학원의 운영 과정을 지켜본 한 사립대학의 관계자는 이 총장의 경영마인드에 놀라움을 표했다.

"직선으로 총장을 뽑는 경우, 보통 총장이 되고 나면 대학원장을 한 명이라도 더 늘리고 싶은 유혹에 빠진다. 그만큼 자리가 보장되어 다음 선거에 유리하기 때문이다. 그런데 숙대는 더 늘리기는커녕 거꾸로 11개 대학원을 원장 한 명에게 맡기니 그저 놀라울 뿐이다. 대학원 하나를 운영하려면 원장과 사무국 직원이 필요한데, 최소 5,000만 원의 경비가 든다. 그런데 11개 대학원을 한 명이 운영한다면 5억의 경비가 절감되는 게 아닌가."

대한민국 리더 10%, 비전이 용트림한다

숙대 교수들은 2001년 한 해 동안 열세 번의 조찬교수간담회를 가졌다. 전공별 의견을 수렴하고 장기 비전과 발전계획을 수립하기 위한 회의였다. 여기에서 21세기 숙명비전이 세워졌고 학생들에게 의사소통능력개발과 리더십 배양이 필요하다는 의견이 나왔다.

숙명이 가야 할 길은 분명했다. 세계적인 여성지도자 양성, 대한민국 리더의 10% 배출이었다. 이 목표를 두고 문제를 제기한 내·외부의 사람도 많았다.

"우리 형편에는 1%가 맞지 않을까요?"

"1%를 목표로 내세우긴 좀 그렇고, 3% 아니면 5%는 어때요?"

"5%는 좀 높은 것 같고 3%면 무난할 것 같아요."

그러나 총장의 목표는 분명했다.

"이 세상은 20%의 리더가 나머지 80%를 이끌어 간다고 생각해요. 리더 몫의 절반은 숙대가 책임지고 나머지는 다른 인재들이 책임지는 겁니다. 숙대는 최고의 리더십대학을 목표로 하고 있습니다. 저는 섬김리더십으로 2020년까지 목표달성이 가능하다고 생각합니다.

우리 사회에서 섬김을 받고 싶어하는 리더는 많지만 남을 섬기는 리더는 많지 않습니다. 지금부터 숙대 출신들이 사회 곳곳에 진출해 각자 서 있는 곳에서 섬김리더십을 발휘하면 2020년까지 10%를 책임질 수 있습니다.

더구나 오늘날 기업의 인사고과는 360도로 전환되고 있지 않습니까. 과거에는 상사가 부하를 일방적으로 평가했지만 요즘은 본인이 스스로를 평가하고 상사와 동료, 고객, 부하로부터 평가받는 전방위 평가가 확산되고 있습니다. 섬김리더십은 더욱 빛을 발할 수밖에 없지요."

대통령 자문 일자리위원회의 위원장을 지낸 아주대의 송위섭 교수는 "숙대의 10년 전 모습과 오늘날의 모습을 비교하고 학생들의 성숙한 태도와 열정을 보니 숙대가 제시한 10% 목표는 결코 과장이 아니다"라고 말한다.

리더십 교육에 관심이 많은 다른 대학의 모 교수는 숙대의 기적은 앞으로 더욱 가속도가 붙을 것이라고 전망한다.

"중동의 작은 토후국 두바이의 기적을 보라. 리더가 꿈이 있느냐 없느냐가 중요하다. 숙대는 상상경영과 창조경영을 말할 때 세계에 자랑할 만한 사례다. 학생들에게 대학시절부터 꿈과 비전을 심어주고 사명을 깨닫게 하는 것은 참으로 중요하다. 총장과 교직원이 앞장서서 리더십의 모범을 보이고 학생들의 비전을 위해 아낌없이 투자하는 숙대가 부럽기도 하지만 동시에 두렵기도 하다."

『칭찬은 고래도 춤추게 한다』로 유명한 한국블랜차드컨설팅의 조천제 대표는 "칭찬 문화를 꽃피운 곳이 바로 숙대다. 칭찬은 인간의 무한한 잠재능력에 불을 지피는 뇌관 역할을 하는데, 칭찬과 격려 속에서 성장한 숙대인들은 어떠한 목표도 이룰 수 있는 역량을 가지고 있다고 봐야 한다. 나는 조직전문가로서 숙대가 제시한 꿈, 비전, 목표에 감동과 전율을 느낀다. 숙대는 대학뿐만 아니라 우리 사회를 이끌 견인차 역할을 할 것이다. 대한민국 리더의 10%를 책임지겠다는 그 대담한 선언은 이미 절반을 달성한 것이나 다름없다"고 평가한다.

리더는 꿈을 꾸는 사람이기도 하다. 훌륭한 리더는 CEO임과 동시에 CDO(chief dream officer)가 되어야 한다. 이 총장의 꿈은 결국 제2

창학 운동으로 결실을 맺었다. 총장은 잠자는 동문들을 깨우고 교수와 직원들 그리고 학생들에게 꿈과 비전을 갖는 것이 얼마나 중요한지를 일깨워 주었다. 세계 최고의 리더십대학과 10% 리더 배출의 꿈도 총장이 있기에 더욱 설득력을 지녔다. 왜냐하면 총장의 꿈과 비전은 뜬구름처럼 보였다가도 시간이 지나고 나면 반드시 이루어진다는 것을 알기 때문이다.

숙대는 최고의 리더십대학으로 성장하겠다는 목표에 학교의 명운을 걸었다. 이는 숙대가 현모양처 육성에 치우쳐 상대적으로 여성 지도자의 배출이 활발하지 못했다는 구성원들의 자성에서 출발했다. 이 총장은 "여자대학은 여성에게 맞는 리더십 교육 커리큘럼을 짤 수 있다. 즉 남녀공학의 대학이 할 수 없는 특성화된 커리큘럼을 설계할 수 있다"고 말한다.

리더가 먼저 리더십을 공부하다

"학생들에게 리더십을 가르치려면 교수와 직원이 먼저 리더십을 공부하고 실천해야 한다."

2002년 9월, 언론정보학부의 강형철 교수가 리더십센터장 발령을 받았을때, 가장 먼저 한 생각이다. 그래서 리더십센터의 첫 과업으로 『성공하는 사람들의 7가지 습관』으로 유명한 한국리더십센터의 리더십 워크숍 과정에 참여하기로 했다. 사실 우리나라에서 총장과 교수들이 합숙하면서 리더십교육을 받는 것은 처음 있는 일이었다.

2박 3일간의 리더십 교육 신청자를 받을 때 일부 교수들이 보인 반응은 싸늘했다. 교수들은 가르치는 일에 익숙한 사람들인 만큼 자신들이 교육을 받아야 하는 상황을 썩 달가워하지 않았다.

"내가 배울 게 뭐가 있어. 가르친다면 모를까."

"논문 쓰는 시간도 빠듯한데, 나와 상관없는 일에 사흘씩이나 투자할 시간이 어디 있냐고."

1차에 총장을 포함한 90명의 교직원이 선발됐다. 교내에서 교육하면 집중하기가 어려울 것 같아 아예 설악산으로 가서 하기로 했다.

2002년 12월, 리더십 예비생들은 비행기를 타기 위해 김포공항으로 나갔으나 악천후로 비행기가 결항되는 바람에 할 수 없이 버스로 이동을 해야 했다. 버스로 설악산 근처까지 왔는데, 이번에는 설악동 입구에서 군 병력이 진입을 막고 있었다. 입구에서 훨씬 더 들어간 지점에 폭설로 정지한 차들이 엉켜서 진입도로를 폐쇄한 채 복구 중이라는 이야기였다.

군경의 협조로 2시간 만에 호텔로 가는 길이 가까스로 복구되었다. 리더십 워크숍의 실무책임을 맡고 있는 강 센터장은 폭설을 뚫고 설악산으로 가는 과정에서 총장이 보인 리더십에 많은 걸 느꼈다고 한다.

"실무자들이 사태 해결을 위해 동분서주하고 때로는 논란을 벌이는 중에도 총장은 어떤 지시나 의견 없이 버스 안에 앉아 조용히 책을 읽었다. 간혹 버스에서 내려 교수들과 눈 덮인 설악산을 배경으로 사진을 찍기도 했다. 진행상황을 보고하면 '네, 그럼 기다리죠'라고 말할 뿐이었다. 실무자를 믿고 아랫사람이 일을 해결할 때까지 기다리며 총장 스스로 즐거운 분위기를 연출했다."

설악산에서 시작한 1차 리더십 워크숍은 최고의 리더십대학을 향한 실질적인 첫걸음이었다. 총장을 포함한 보직교수와 일반교수 60명, 팀장급 사무직원 30명 등 숙명의 핵심인재들이 리더십 전문가로 성장하는 기틀을 마련하게 된 것이다.

2002년 겨울방학에 열린 2차에 걸친 리더십 워크숍 결과, 이 프로그램은 2003학년 1학기부터 학부생들을 위한 교양과목으로 개설되었다. 그 해 여름방학에는 워크숍에 참여한 교수 중 19명이 리더십강사 양성과정을 수료했다. 물론 여기에는 총장도 포함되어 있었다.

한국리더십센터에서 리더십 과정을 이수한 교수들은 2005년부터 심화단계로 한국인간개발연구원의 LMI리더십 교육을 받았다. 2007년까지 100명의 교수들이 16주 과정을 이수해 좋은 반응을 얻었다. 총장을 포함한 교무위원 11명도 리더십 교육에 참여했다. 이때 퍼실리테이터facilitator로 참여했던 필자의 소감문을 소개한다.

감동의 LMI리더십교육 현장

2005년 12월 숙명여대에서 LMI리더십 수료식이 있었다. 일주일에 한 번 2시간 30분씩 16주 동안 계속된 교육이 막을 내렸다. 특히 이번 수료식에는 총장과 교무처장을 비롯한 주요 보직교수 11명이 참여했다. 총장 자신도 솔선수범을 보이는 차원에서 교육에 참여한 것이다. 처음에 총장이 교육에 참가한다는 얘기를 듣고 설마 했다. 그러나 총장은 참여의사를 분명하게 밝혔다.

우선 교육에 임하는 총장의 자세에 놀랐다. 16주 동안 2주만 빠지고 출석을 했다. 그 두 번도 APEC 정상회의 때문에 참석을 못했으니 사실상 100% 출석을 한 셈이다. 더욱이 총장은 참석을 못할 때도 반드시 숙제를 제출해 참석자들을 놀라게 했다. 숙제도 일부만 해서 내거나 하는 것이 아니라 전부 제대로 한 것이었다.

그렇게 바쁜데 어떻게 시간을 낼 수 있었을까 하는 의문이 들 정도였다. 어떤 주는 해외출장에서 돌아오자마자 서울 시내에서 오전 일정을 마치고 곧바로 교육장에 나타나기도 했다.

예습과 복습을 철저히 해오는 성실한 학습 자세에도 놀라지 않을 수 없었다. LMI리더십의 특성은 예습을 하는 데 있다. 내용을 알고 있어야 그 단원의 베스트 아이디어를 소개하고 토론에 임할 수 있기 때문이다. 학습내용을 두 번 읽고 테이프를 여섯 번 들어야 하는데 총장은 이 과정을 철저하게 지켰다.

토론 시간에는 11명의 참가자가 4개조로 나누어 뜨거운 설전을 벌였다. 각 조는 메모를 하면서 문제 하나하나를 진지하게 검토했다. 또 그 결과를 어떻게 학교 행정과 교수법에 적용할 수 있을지 신중하게 논의했다. 그야말로 성실, 진지, 겸손, 섬김, 창의가 넘쳤다. 칭찬과 격려의 문화가 숨쉬고 있었다. 수업을 시작하기 전 프로그램인 '굿뉴스' 시간에는 참가자들의 축하와 격려로 기쁨과 감동이 넘쳤다.

대개 CEO가 교육에 참여하면 어색하고 딱딱해지기 마련인데, 총장 스스로 교육 참가자의 한 사람으로서 겸손한 자세로 임한 덕택에 화기애애한 분위기가 이어졌다. 150분의 교육시간에 최소한 50회가 넘는 박수가 나온다면 학습 분위기를 대략 짐작할 수 있을 것이다.

수료식에 참석한 LMI리더십의 장만기 회장은 "숙대가 왜 세계 최고의 리더십대학인지는 총장님과 교수님들이 16주 동안 어떻게 공부하는지를 보면 알 수 있다"고 소감을 밝힌다.

가르치는 것도 배워야 한다

"교수학습센터, 거기가 뭐 하는 곳이요?"

"누가 교수를 학습시킨다는 거요?"

이 총장이 2001년에 교수학습센터를 설립했을 때 사람들이 보인 첫 반응이다. 당시 교수학습센터가 있는 교육 기관은 전국에서 손가락으로 꼽을 정도로 국내에서는 불모지나 다름없었다. 더군다나 제대로 활성화되지도 않았다. 최고의 지성인인 교수를 가르친다는 게 정서적으로 환영받지 못하는 분위기였다.

이 총장은 교육공학 전공자인 이재경 교수를 센터장에 임명하는 파격적인 인사를 감행했다. 숙대에 부임한 지 6개월도 채 되지 않은 이 교수를 그 자리에 임명한 것은 뜻밖이었다. 이 교수 자신도 당황스러웠다. 당연히 주위의 반발도 있었다.

이 센터장은 교수들의 이해와 참여를 구하는 것이 급선무라고 생각했다. 우선 교수들이 가장 많이 오가는 교수회관 1층에 사무실을 꾸몄다. 그리고 교수학습센터의 활동 모습 사진을 통로와 복도에 붙여 교수들의 관심을 끄는 노력을 지속했다. 교무회의 때는 매주 뉴스레터를 배포하는가 하면, 센터의 활동 상황을 교수들에게 이메일로 보냈다. 동시에 홈페이지를 단장해 가능한 한 명의 교수라도 더 관심을 갖도록 혼신의 노력을 기울였다.

이 센터장이 가장 공을 들인 대상은 신임교수들이었다. 매 학기 신임교수를 위한 오리엔테이션 때 집중적으로 홍보를 하고, 교육 프로그램에 의무적으로 참여하도록 유도했다. 또 조금이라도 관심을 보이는 재직교수가 있으면 직접 찾아가 면담을 하고 적합한 맞춤식 교육을 실시했다. 마침내 효과가 나타나기 시작했다.

불어불문학전공의 임혜경 교수는 "저는 컴맹 수준이었어요. 당연히 사이버 강의는 저와 상관없다고 생각했죠. 그런데 센터의 도움을 받아 사이버 강좌를 개설했고 지금은 누구보다도 강의에 자신이 생겼습니다"라고 자신의 경험을 소개한다.

통계학전공의 김강균 교수 역시 "센터의 컨설팅 서비스 덕분에 녹화한 제 강의를 검토하면서 수업개선시안을 만들어 비교할 수 있었습니다. 그 결과 더 나은 강의를 준비하게 됐습니다"라고 센터의 역할을 긍정적으로 평가한다. 이런 소문이 퍼지자 센터에 대한 인식이 달라졌다. 교수도 잘 가르치는 방법을 배워야 한다는 생각을 하게 된 것이다.

대학교수는 교수에 임명되고 나면 교육방법에 대한 교육을 받지 않고 곧바로 현장에 투입된다. 교수는 그 분야의 최고전문가이기 때문에 남에게 무언가를 배운다는 것 자체가 쉽지 않은 일이다. 그러나 교수는 지식에서는 전문가일지 모르지만 강의에서는 전문가가 아니다. 과거 '교육'의 개념으로 본다면 이런 지적은 별 문제가 아닐 것이다. 그러나 요즘의 교육서비스 개념에서 보면 교수는 많이 알아야 하기보다는 아는 걸 제대로 잘 가르칠 줄 알아야 한다. 이것이 바로 수요자 중심의 교육마인드다.

최근 새로 임명된 유평준 센터장은 "교수는 학생중심의 감동교육을 실천하고 학생은 자기주도적 학습능력을 키울 수 있도록 지원하겠다. 그래서 세계 최고의 리더십대학으로 성장하는 데 필요한 교수학습의 허브가 되겠다"는 목표를 밝혔다.

소통의 가장 아름다운 모습, 혼연일체

성공한 조직은 구성원 모두가 혼연일체가 되어 조직의 목표를 향해 뛴다. 혼연일체의 단적인 모습은 가장 말단에서 일하는 사람을 보면 확인할 수 있는데, 대학사회에서는 조교가 바로 그런 사람이다. 이들 대부분은 대학원생이면서 학교의 행정을 돕는 경우가 많다. 즉 교직원은 아니지만 교직원의 역할을 담당하고 있는 것이다.

통계학전공의 김영원 교수는 숙대가 1997년 대학종합평가에서 최우수를 받고 대학사회 혁신의 선두주자로 떠오른 데는 조교들의 헌신이 있었기에 가능했다고 말한다. 김 교수는 조교들이야말로 보이지 않는 곳에서 최선을 다하는 숨은 공로자라고 평가한다.

"주말을 모두 반납하면서까지 일에 열중하는 모습, 남자친구까지 동원해 함께 자료를 정리하던 모습, 밤이 늦어 잠자리를 걱정하며 작업하는 모습, 대충하라는 얘기를 한쪽 귀로 흘려버리는 프로다운 모습, 새벽녘이 되어서야 돌아가던 모습들, 이런 모습들과 어우러진 잔영은 아마도 영원히 나의 뇌리에 남아 있을 것이다."

총장 또한 숙대가 대학 평가에서 좋은 성과를 거둘 수 있었던 것은 대학원 조교들의 노력이었다고 생각한다. 평가를 준비하는 단계에서부터 마무리 단계까지 애교심과 희생정신으로 성실하게 일한 조교들의 애정과 정성을 총장은 기억하고 있다.

92학번 권외숙 조교는 제2창학의 전과 후를 모두 경험했기에 누구보다도 학교의 변화를 실감한 인물이다.

"졸업 후 1~2년 동안 학교를 떠났던 졸업생들에게는 거의 충격적일 정도로 숙대는 너무 많이 변했고 또 지금도 변하고 있다. 첨단 교육 장비를 갖춘 강의실, 각 건물마다 마련된 PC실습실, 그 외 각종 편의시설들을 비롯한 물리적인 변화는 말할 것도 없고 철저한 학생중심의 서비스 정신으로 업무에 임하는 각 행정부서 선생님들, 교수님들, 재학생들. 숙대 구성원들의 마인드 변화는 상상할 수 없을 정도다."

총장실 카펫과 도서관 카펫

　자식들에게 좋은 것만을 주고 싶어하는 것은 모든 부모들의 한결같은 마음이다. 총장이나 교수들의 학생 사랑도 이런 부모의 마음과 다를 바가 없을 것이다. 이런 마음이 드러난 사례가 이른바 '총장실 카펫' 에피소드이다.

　총장실은 외부의 영향력 있는 사람들이 드나드는 곳으로 다른 곳보다는 더 신경 써서 손보고 관리하는 곳일 것이다. 그래서인지 숙대총장실을 방문한 사람들은 총장실 내부의 집기와 인테리어가 총장의 이미지와 어울려 격조 있다는 이야기를 하곤 한다. 당연히 총장실에 있는 소파를 비롯한 가구들은 꽤 비싼 것일 거라는 생각을 가지고 말이다. 그러나 총장실의 집기들은 돈을 주고 산 것들이 아니라 모두 기증받은 것들이다. 유일하게 카펫만 학교에서 마련한 것인데, 그것도 저렴한 것으로 구입해서 깔아 놓은 것이다.

　총장의 설명은 간단했다.

　"어떤 카펫이라도 총장실에 깔았다는 이유만으로도 충분히 고급스럽게 보일 겁니다. 그러니 색깔만 튀지 않는 것으로 고르면 값싼 제품이라고 해도 문제될 건 없어요."

　정말 총장실의 카펫이 싸구려일 거라고 생각하는 사람은 거의 없었다.

심지어 총장실을 매일같이 드나드는 직원들조차도 눈치 채지 못했다. 대신 학생들과 교수들이 사용하는 도서관의 카펫은 가장 좋은 것, 비싼 것으로 구입하도록 했다. 그것도 이 총장이 직접 색상이나 재질을 전문가와 함께 골랐다. 자식들에게 최고의 것을 주고 싶어하는 부모의 마음이 아니었을까.

"학생들이 최고의 대우를 받는다고 느낄 때 자존감이 생긴다고 생각해요. 일류 대우를 받을 때 정말 일류가 될 수 있는 거잖아요. 도서관을 리모델링 할 때 최고의 도서관을 만들겠다고 마음먹었어요. 그러니 카펫 역시 최고의 도서관에 맞는 최고여야 하지 않겠어요?"

이 말을 전해 들은 경쟁력평가원의 정진호 원장은 "이 총장님이 존경받는 이유를 알 것 같다. 부모의 마음으로 학생들을 대하니, 그 사랑을 받는 학생들은 부모를 대하듯 총장을 대하지 않겠는가. 학생을 최고로 대우하는 총장과 그 총장을 진심으로 존경하는 숙대 학생들은 참으로 행복한 사람들이다"라고 받은 감동을 표현했다.

새 술은 새 부대에,
행정 개혁을 단행하다

매듭을 푸는 방식을 보여주다

숙대를 괴롭혀 온 일 중 하나는 바로 땅 문제였다. 숙대는 조선황실이 세운 학교인지라 전국에 많은 땅을 소유하고 있었는데, 해방 후 남북이 갈리면서 상당수의 땅이 북한에 존재하게 되었고 학교 소유의 많은 땅을 잃는 운명을 받아들일 수밖에 없었다. 게다가 부동산 전문가도 이해하기 힘들 정도로 교지校地의 일부가 정부 소유와 복잡하게 얽혀 있었다. 땅 문제는 숙대의 오랜 골칫거리였다.

숙대에는 B지구라는 특별구역이 있었다. B지구는 숙대가 효창공원과 이웃하고 있는 관계로 정부 땅과 학교 땅이 미묘하게 꼬여 있는 곳이었다. 학교에서는 기회가 있을 때마다 땅을 매입해 학교부지에 편입시켰지만 B지구만은 매입이 여의치 않았다. 이 총장이 취임할 무렵 B지구는 4,476평의 공원 용지로 국방부가 1,211평, 산림청이

2,142평, 숙대가 1,123평을 소유하고 있었다.

그러던 중에 숙대는 대학종합평가를 받기로 한 1997년까지 교지를 확보해야 했는데, 평가 당국이 요구하는 기준에 미달한 상태였다. 그러니까 B지구의 매입은 종합평가의 열쇠를 쥐고 있는 중요한 사안이었다. 역대 총장들의 헌신적인 노력으로 많은 진전이 있었지만 결정적인 순간에 행정 편의주의에 밀려 좌절되곤 했다.

이 총장은 누구보다도 땅 문제의 중요성을 인식하고 있었고 해결해야 할 최우선의 과제라고 생각했다. 총장은 취임 8일 만에 서울시장을 방문해 두 가지 제안을 했다.

첫째, 숙명여대는 국가안보정책상 학교부지 5만 8,000평이 군軍에 수용되어 전국의 땅 28필지로 돌려받았으나 그 땅들이 전국에 흩어져 있어 학교부지로 사용할 수가 없다. 그러니 현재 재판 중인 김재규 씨 소유의 3만 9,000평과 학교 B지구의 땅을 환지해 달라.

둘째, 아니면 군이 소유하고 있는 B지구의 땅을 무상으로 불하해 주던가, 숙명여대가 싸게 매입할 수 있도록 감정가를 낮춰 달라.

이에 대해 서울시는 학교의 억울한 사정은 전혀 고려하지 않은 채 행정 편의적인 입장의 답장을 보내왔다.

"현행법에 의거해 학교 측이 B지구를 공원용지에서 해제할 수 있는 만큼의 땅을 확보해야 하며, 그 땅은 B지구의 땅값과 같은 땅이어야 한다."

수도방위사령관에게도 서울시장에게 제안한 것과 같은 내용의 문서를 보냈으나 서울시와 비슷한 내용의 답변이 돌아왔다. 설상가상으로 용산구청으로부터 국유지 사용 변상금 13억 원을 납부하라는 통보를 받았다. 본관 건물이 포함된 학교부지 6,400평의 국유지를 무단 사용했다는 이유의 변상금 납부 통보였다. 학교부지인데도 학교 재산으로 등록할 수 없었던 숙대의 건물들은 대부분 불법이었던 것이다.

시련의 날들이 끝없이 이어졌다. 구청에서는 무단점유 벌과금으로 1억 2,000만 원의 고지서를 보내왔다. 무단점유라니, 기가 막힐 일이었다. 구청에서는 건물을 비우라는 공문을 여러 차례 보내왔고 심지어는 무단점유의 증거사진으로 쓰기 위해 학생들의 수업현장을 촬영하기까지 했다.

용산구청으로서는 국유지에 불법건축을 하고 무단점유를 하는 숙대가 세상에 다시없는 골칫거리였을 것이다. 학생들에게 정직을 가르치고 모범을 보여야 할 총장과 교직원들은 졸지에 범법자가 되었고, 어이없게도 학생들은 공범자가 되어버린 처참한 상황이었다. 이 문제를 해결하지 않으면 총장은 징역 4년 혹은 5,000만 원 이하의 벌금을 물어야 하는 형사 처벌대상자가 된다.

이 총장은 공원용지 해제를 위해 만나야 할 사람의 명단을 작성하기 시작했다. 공무원, 구의원, 시의원 등의 명단을 만드니 수백 명이 넘었다. 엄두가 나지 않았지만 반드시 해결해야 할 문제였으므로 그들을 만나기 위해 연일 조찬, 오찬, 만찬을 계속했다. 밤늦게 귀가해서는 '국유재산법', '토지법시행령' 등의 법률서적을 펴놓고 공원용지 해제와 관련한 법률들을 공부했다.

이렇게 혼신의 노력으로 관계자들과의 만남을 지속한 결과, 시청과

구청에서 숙대의 입장을 이해하고 공원용지 해제에 긍정적인 반응을 보이기 시작했다. 그러나 구의원과 시의원들은 현행법의 테두리에서 한 발짝도 벗어나려 하지 않았다. 총장은 만나야 할 구의회와 시의회 해당 상임위원들의 명단을 작성했다. 자그마치 90명이 넘었다. 사실 공원용지 해제에는 이해관계가 걸려 있는 개인과 기관과 단체가 너무 많았다. 선거를 치러야 하는 의원들로서는 조금이라도 분란의 소지가 있으면 현행법의 범위를 지키려고 하는 게 어쩌면 당연했다.

의원들이 처한 상황을 이해는 하지만 숙대의 처지가 너무나 절박했기 때문에 총장은 의원들이 있는 곳이면 어디든지 찾아갔다. 이들을 만나기 위해 한겨울에 북한산에도 올랐고, 의원들이 참석하는 회의장까지 찾아가 회의가 끝날 때까지 하염없이 기다리기를 반복했다. 할 이야기라곤 학교의 억울한 사정을 호소하고 여성교육의 중요성을 강조하는 것뿐이었다. 조금이라도 이해하겠다는 반응을 보이면 눈물이 나도록 고마웠고 냉담한 반응 앞에서는 낭떠러지로 떠밀리는 듯한 절망감을 느꼈다.

학교 땅 문제가 용산구 의회와 서울시 의회를 통과한 후 이 총장이 쓴 글에서는 눈물이 묻어난다.

하루 종일 시의원들을 설득하자 과반수 의원들의 태도가 동정적이거나 긍정적으로 변했다. 그러나 오후 4시경 시의회 출입기자들이 몰려오자 태도가 다시 급변했다. 긍정적인 태도를 보였던 시의원들은 냉랭한 태도로 돌변했고, 반대 입장을 표명하던 시의원들은 더욱 강경한 입장을 보이며 "왜 총장이 업무를 방해하느냐"고 비난을 퍼부었다. 순간 위기를 느꼈다. "아, 이렇게 끝나는구나." 그러면서도 용기를 내어 시청 담당국장에게 기자회견을 할 테니 기자들을 모아달라고 부탁했다. 별안간 총장이 기자회견을 한다고 하자 기자들의 호기심이 발동했다. 내 능력으로 그들을 설득할 자신이 없어 속으로 간절히 기도를 드렸다.

나는 정부로부터 학교가 받은 피해의 역사, 학교의 비전, 여성교육의 중요성을 떠오르는 대로 이야기했다. 마지막으로 "인간은 누구나 마지막 날을 경험하게 됩니다. 그날 과거를 돌아보며 보람된 일과 후회하는 일을 떠올릴 것입니다. 오늘 숙대를 도와주신다면 이 일은 반드시 보람된 일로 기억될 것입니다. 약속드리겠습니다"라고 말을 맺었다.

이야기를 마치자 한 기자가 회의장 문을 열고 들어가면서 "듣고 보니 일리가 있네요"라고 큰소리로 말했다. 그러자 다른 기자가 "의원님들, 숙대 좀 잘 봐주시지요" 하고 거들었다.

기자들의 반응을 궁금해 하던 시의원들은 두 편으로 나뉘었다. 긍정적으로 생각했던 시의원들은 고개를 끄덕였고 부정적으로 생각했던 시의원들은 "총장이 기자들까지 설득해 참견하고 있다"고 화를 냈다.

사태가 심각해지자 담당국장이 "이제 할 만큼 하신 것 같으니 돌아가시지요"라고 권유했다. 어색해진 분위기를 무마하기 위해 한 사람 한 사람을 찾아가 인사를 했다. 회의실 문을 나서는데 눈앞이 깜깜해지며 몸이 흔들렸다. 걸음도 비틀거렸다. 온종일 먹지도 못하고 한 명 한 명 설득하느라고 진땀을 흘렸더니 온몸의 에너지가 소멸된 느낌이었다.

학교로 돌아가는 차 안에서 비참하고 초라한 내 모습이 한없이 가여

왔다. 그 동안 온갖 수모를 당하면서 '학교를 위해서라면 오장육부를 선반 위에 올려놓고 자존심, 체면, 자의식 따위 모두 포기하겠다'고 수 없이 다짐했는데도 참담한 심정이 드는 것은 어쩔 수 없었다. 세상이 온통 회색빛으로 보였다. 시의회 결과를 기다리는 시간은 수십 년의 세월처럼 길었다.

드디어 오후 7시 반이 되자 시청에서 전화가 왔다. 담당국장의 목소리였다.

"총장님, 축하드립니다. 과반수로 통과되었습니다."

지난 9개월 동안 공원용지 해제를 위해 수고하고 도와준 수많은 사람들의 얼굴이 주마등처럼 스쳐 지나갔다. 몸이 둥둥 하늘로 떠오르는 것만 같았다.

행정혁신의 청사진, SOC 21

세계를 무대로 경쟁하는 기업에게 혁신은 필수적이다. 혁신하는 조직만이 생존할 수 있기 때문이다. 기업과 비교해서 정부나 대학은 혁신의 필요성은 인정하면서도 그 긴박성은 비교적 덜 느끼고 있던 게 사실이었다. 그러나 사회가 급변함에 따라 대학도 시대 변화에 적응하지 못하면 도태된다는 생각이 지배하기 시작했다. 이에 따라 효율적인 교육 환경을 마련하는 일이 시급했고 이는 대학경쟁력과 직결되는 과제가 되었다.

대학 혁신은 경영마인드를 행정에 접목하는 것을 의미한다. 숙대는 가장 먼저 대학 혁신의 깃발을 높이 들었고 경영마인드를 누구보다 먼저 도입했다. 이를 보여주는 것이 바로 그 유명한 숙대의 'SOC 21(Sookmyung Office Challenge 21)'로 지금은 하나의 브랜드화가 된 대표적인 '대학사무혁신운동'이다.

SOC 21 운동

대학행정의 혁신은 능력주의에 바탕을 둔 인사관리와 보상관리 시스템이 뒷받침될 때 가능하다. 또한 이러한 시스템은 직무분석, 목표관리, 인사고과의 3대 시스템의 구축과 실천을 요구하는데, 숙대는 'SOC 21'이라는 현실적인 실천전략을 구축함으로써 혁신의 모범사례가 되었다.

SOC 21은 행정개혁 프로젝트로서 행정조직의 변화와 혁신, 선진적인 행정체제의 정립, 행정인력의 업무역량 확대를 위한 교육과 업적평가제도의 도입, ISO 9001과 ISO 14001을 비롯한 행정경영관리시스템, 환경경영시스템의 구축 등을 통해 구체화되었다.

왜 숙대가 행정혁신의 대표주자로 주목받는가? 사실 많은 조직이 혁신을 부르짖으며 시스템을 갖추고 구성원을 교육하지만 성공하지 못한다. 확고한 목표가 없거나 실천의지가 빈약하기 때문이다.

혁신에 성공하려면 최고경영자의 강한 의지와 전문가의 도움, 그리고 조직원들의 의식이 무엇보다 중요하다. 혁신은 기존의 것을 버리고 새로운 문화와 시스템을 적극적으로 추진하기 때문에 처음에는 반발과 부작용이 발생하기 마련이다. 이러한 과정에서 많은 조직, 대학들은 분열되고 지쳐서 주저앉고 만다.

그러나 숙대는 '혁신만이 살 길', '대학혁신의 엔진은 대학행정'이라는 분명하고도 절실한 목표가 있었고 구성원들은 열린 마음으로 이 목표에 공감했다.

전문가 활용

혁신에 성공할 수 있었던 또 다른 이유는 전문가를 잘 활용했다는 데 있다. 사무생산성센터의 김 윤 대표에게 행정혁신을 의뢰한 숙대는 먼저 교직원에 대한 직무분석을 부탁했다. 직무분석은 인사관리와 조직관리의 기본이 되기 때문에 조직의 선진화를 위해 가장 필요한 단계이다. 김 대표는 1997년 10월부터 직무분석을 실시해 혁신의 기틀을 마련했다.

그러나 숙대 역시 초기 직무분석 작업 시 어려움이 있었다. 시기적으로 IMF 외환위기 직후였기 때문에 정리해고나 명예퇴직을 실시하기 위해 직무분석을 시도한다는 오해를 사기도 했고, 직무기술서와 직무명세서를 만드는 작업을 처음 해본데다가 복잡하기까지 해서 시간도 많이 걸렸다.

그럼에도 혁신의 첫단계로 가장 먼저 직무분석이 이루어져야 하는 이유는, 우선 직원들 각자가 자신들이 무슨 일을 하는지 정확히 알아야 인사평가와 자기계발이 가능하기 때문이다. 또한 팀제 개혁에 필요한 중복업무의 개선 방법을 고안하고 개인별, 부서별 업무량을 파악, 분석하기 위해서도 필요하다.

직무분석을 마친 후에는 인사고과 시스템을 개선했다. 능력주의 인사관리는 객관적인 자료를 토대로 한 평가를 통해서만 실현될 수 있다. 지금까지 교직원들은 연공서열에 익숙한 탓에 업무 평가 후 이에 따라 승진과 보상이 이루어지는 체계를 쉽게 받아들이지 못했다. 더군다나 1998년이면 이제 겨우 기업에서 능력주의가 논의되는 초기단계였으니 대학사회에서 인사와 조직관리의 혁신은 쉬운 과제가 아니었다.

과감한 교육투자

이러한 어려움을 헤쳐나가면서 숙대는 직무분석과 인사고과 시스템을 구축했고 부서관리지표를 개발해 목표관리를 해 나갔다. 이런 노력의 결과 2000년에는 국내 대학으로는 처음으로 국제품질기구의 'ISO 9001' 인증을 교육과 행정시스템 전 영역에서 획득했다.

이런 제도 개선은 궁극적으로 조직 구성원들의 의식 변화가 뒷받침되어야 가능하다. 이를 위해 학교는 투자를 아끼지 않았다. 교육만이 자발적인 혁신을 유도한다고 믿고 직무분석, 인사고과, 목표관리 제도에 대한 직원 교육을 실시하고 직무향상을 위한 내부와 외부 교육을 강화했다. 또 매월 2회씩 외부강사를 초빙하여 비전 공유 및 의식 교육을 정기적으로 실시했다.

황영식 총무인사팀장은 "직무교육과 일반교육을 1년 정도 지속하니까 교육효과가 나타나기 시작했다. 총장님은 '직원들의 세계화'도 교육개혁의 중요한 부분이라고 판단하여 1994년부터 해외 업무 연수를 보내기 시작했다. 1997년까지 94명을 대만, 미국, 캐나다 등의 자매대학에서 일주일간 실무 연수를 받도록 했다. 이 같은 교육을 통해 직원들 스스로도 놀랄 만큼 미래지향적으로 의식이 바뀌고 직무능력이 향상되는 것을 느낄 수 있었다. 사람을 변화시키는 원동력은 바로 교육이라는 걸 다시 확인할 수 있었다"고 말하며 교육을 숙대 혁신의 중요한 성공요인으로 지적한다.

숙명 대학행정 혁신의 컨설팅을 맡았던 김 윤 대표는 숙명의 행정혁신을 이렇게 평가한다.

"오늘날 숙대의 행정은 최고 수준이라고 감히 자부합니다. 서비스 측면에서나 행정 자체의 짜임새, 긴장감, 도전 수준, 정보화 수준에서 모두 그러합니다. 시스템이 분위기를 만들고 있고 또 문화를 창조하고 있습니다."

숙대의 행정혁신은 다른 대학들의 모범사례가 되어 견학의 발길이 끊이지 않는다는 사실에서 성공을 증명한다. 전국 각지의 대학에서는 물론, 관공서와 기업체 등에서도 숙대를 찾아온다. 심지어 전문 컨설팅 업체와 인적자원개발 담당기관 등에서도 숙대의 사례를 벤치마킹해 행정시스템 및 인적자원개발의 모델로 삼으려고 한다. 게다가 행정혁신을 주도했던 직원들은 사내강사 양성과정을 거친 후 외부 강사로 나가 혁신 경험을 소개하고 있을 정도다.

한편 김 대표는 "컨설팅을 진행한 저희 회사에서도 그동안 열 개가 넘는 대학의 유사한 일을 진행했지만, 가장 보람 있고 의미 있게 생각하는 경우가 바로 숙대의 행정혁신 프로젝트임을 주저 없이 말씀드리고 싶습니다"며 숙대에 높은 점수를 주고 있다.

총장이 앞장서서 "행정이 강해야 대학이 강해진다"고 역설하며 전문가들의 의견을 존중하고 구성원들이 제도 개혁의 본질을 깨달을 수 있도록 공감대를 형성하는 노력을 기울였고, 많은 교육 프로그램과 실천노력이 이를 뒤따랐다.

'숙명행정아카데미'로 대표되는 숙명여대의 대표적인 혁신 교육 프로그램은 타 대학의 첫 번째 벤치마킹 대상이 된 지 오래다. 다른 대학에서 숙명행정아카데미를 본 따 '성균행정아카데미' 혹은 '한양행정아카데미' 등을 기획해 운영하고 있는 것만 봐도 그 파급효과를 짐작할 수 있다. 이러한 노력이 10여 년에 걸쳐 꾸준히 이어져 직원 인사정책에도 반영되고 구성원들로부터 신뢰도 얻었기에 혁신은 쾌속질주할 수 있었다.

대학도 시스템이다

이 총장이 '세계화 · 정보화 · 개방화 · 민족화'의 4대 특성화정책을 추진하면서 중점적으로 투자한 곳이 바로 정보화 부문이다.

숙대는 캠퍼스가 서울의 도심 중앙에 위치해 대폭적인 외부 확장이 어려운 여건에 있었다. 숙대의 이런 공간부족은 학교발전의 장애요인이었다. 그러나 '정보화'의 기치를 내건 숙대는 공간부족의 한계성을 '디지털대학'이라는 새로운 콘셉트로 승화시켰다. 숙대가 최고의 디지털대학으로 자리 잡게 된 과정을 간단히 살펴보자.

1994년 12월 숙대는 전산화추진위원회를 구성하고 대학종합정보시스템 구축을 위한 기초연구를 시작했다. 이듬해 3월부터는 LG-EDS와 함께 대학종합정보시스템 구축을 추진했다. 이 과정은 LG그룹으로부터 20억 원의 기부금을 받아 추진했다. 그 결과 9월에는 교내 각 건물에 광케이블을 연결한 랜LAN설비를 깔았고 경영혁신을 통해 대학행정의 제도개선이 발 빠르게 진행되었다. 2년 동안 학사 및 행정관리시스템을 전산화함으로써 인터넷이 행정혁신의 일등공신으로 등장했다.

이어서 1999년에는 국내 대학 최초로 무선 네트워크망을 교내에 구축하여 장소와 시간에 구애받지 않고 정보통신망을 자유롭게 이용할 수 있게 됨으로써 디지털대학의 선두주자라는 명성을 얻었다. 이 모든 것은 정보화에 대한 기본방향을 다음과 같이 분명히 정하고 실천했기 때문에 가능했다.

첫째, 업무의 단순·자동화로 업무 프로세스를 개선해야 하고 개선모델 시스템을 구축해야 한다.

둘째, 현상 위주의 시스템이 아니라 미래 지향적인 시스템을 구축해야 한다.

셋째, 단위업무 위주의 부분적인 전산화가 아니라 통합시스템을 구축해야 한다.

이를 위해 전산원 내에 PC클리닉을 신설하고 하드웨어와 소프트웨어의 활용률을 높여 교내 전산자원을 공유했다. 또한 인터넷 전담부서를 만들어 대학 인터넷서비스의 차별화를 추진, 정보제공의 중심역할을 전담하게 했다. 또 무선 네트워킹망을 전 교정 내에 완벽하게 설치함으로써 학생들에게 또 다른 정보문화의 신선한 충격을 주었다. 뿐만 아니라 노트북을 무상 제공함으로써 무선인터넷을 더욱 활성화시켰다.

학생들에게 당시 200만 원이 넘는 노트북을 무상으로 대여하기란 결코 쉽지 않았다. 그러나 IT기획운영팀의 정동혜 씨는 "학교는 학생들을 믿었고 학생들 역시 책임감을 갖고 자기 것처럼 소중하게 사용했다. 불미스런 일은 단 한 건도 발생하지 않았다"고 말한다.

이와 같이 최고 디지털대학으로서의 위상을 확보한 숙대는 내친김에 세계 최초에 도전해 세상을 놀라게 했는데, 바로 모바일 캠퍼스 구축이 그것이다. 숙대는 2000년에 숙명 모바일 서비스를 개통하고 2002년에는 세계 최초로 모바일 캠퍼스 구축에 성공했다.

숙명 모바일 캠퍼스란 휴대폰 하나로 학교 내 생활이 가능한 시스템 서비스를 제공하는 것을 말한다. 즉 필요할 때 언제 어디서나 학교정보, 학사정보, 행정정보, 도서관정보 등에 접근해 이용할 수 있는 유무선 통합 캠퍼스를 의미한다. 이에 따라 휴대폰으로 강의 출석 체크, 출입보안 전자인증, 도서관과 식당의 이용, 학내 관련자료 검색, 증명서 발급뿐만 아니라 유무선 전자상거래, 소액결제, 디지털 티켓 및 쿠폰 다운로드, 자판기, CD기 등을 이용할 수 있다.

또한 2000년부터는 건전한 인터넷 문화의 정착을 위해, '정보화 실명제'를 도입해 정보화의 부작용을 막고 자기표현에 대한 책임제를 시행했다. 또 앞선 디지털 토대를 발판으로 국내 최초로 원격대학원을 설립해 모범적으로 운영하고 있다. 특히 학부생을 대상으로 한 원격강좌를 개설하고 멀티미디어 전공 신설과 정보화 관련 교과목 신설 등의 디지털화 사업을 중점적으로 추진했다.

2001년에는 국내 최초로 원격대학원에서 원격향장산업대학원, 원격교육대학원을 운영하는 등 첨단 디지털대학으로서의 위상을 굳혔다. 숙대는 특성화 정책의 기반을 디지털화에 두고 다양한 작업을 체계적으로 추진했다. 특히 유네스코 선정 아태지역여성정보화 주관 대학으로 지정되는 쾌거를 올리기도 했다.

이러한 노력의 결과 숙대는 1998년 교육부 선정 가상대학 프로그램 단독시범운영기관으로 선정되었고, 1998년에 정보화 유공기관 대통령표창을 받았으며, 1998년 한국최초의 사이버여대생 SNOW 탄생, 1999년에는 세계 최초의 사이버 졸업식을 실시했다. 이 총장은 정보화에 기여한 공로로 1998년 유네스코 여성을 위한 커뮤니케이션 기술 분야 석좌교수로 임명되었고 1999년에는 국민훈장모란장을 받았다.

ERP시스템을 도입하다

숙대의 ERP시스템 도입과정은 대학사회에서 또 하나의 기념비적인 사건으로 평가된다. ERP시스템은 '모든 정보가 모든 구성원들에게 숨김없이 공유되는 것'을 의미한다. 투명경영과 통합경영의 만남인 셈이다.

숙대는 2001년부터 준비해 2004년에 세계적인 ERP전문업체인 독일의 SAP사 제품의 도입을 위한 계약을 추진했다. 물론 쉽지는 않았다. 예산이 많이 들어가는데다 매년 일정의 로열티를 지급해야 한다는 점도 큰 부담이었다.

이 총장은 전략기획팀의 박종익 팀장과 머리를 맞댔다. 어떻게든 적은 비용으로 ERP를 도입해 한국의 대학사회가 선진국 수준에 진입할 수 있도록 하겠다는 개척자적인 자세로 일을 추진했다.

마침 ERP 개발업체가 KT와 합작하여 업무를 추진한다면 많은 지원을 받을 수 있다며 긍정적인 반응을 보였다.

"숙대가 도입하면 한국의 다른 대학에도 분명 ERP 확산효과가 있을 겁니다."

"저희도 같은 생각입니다. 회사에서도 홍보비라고 생각하고 최소의 비용으로 공사를 진행하겠습니다."

총장은 ERP시스템 구축을 위하여 정보통신업무와 기획업무를 아우를 수 있는 박 팀장에게 책임을 맡겼다. ERP시스템 도입은 시스템 특성상 시스템 관리와 업무운용 측면에서 갈등의 소지가 있다는 점을 감안, 팀장 및 ERP시스템 운영인력을 적절히 재배치함으로써 부서간 갈등의 소지를 사전에 제거했다.

2년 동안의 씨름 결과 2005년 3월 드디어 ERP시스템의 전면적인 도입이 이루어졌다. 처음엔 불만의 소리가 여기저기서 봇물처럼 터져나왔다. 사용자는 우선 모든 정보를 입력해야 하기 때문이다. 지금까지도 불편 없이 잘해왔는데 왜 굳이 새롭게 바꾸려는지 이해할 수 없다는 볼멘소리가 쉬지 않고 들려왔다.

그러나 총장은, 처음에는 물론 새로운 시스템에 적응하느라 힘들겠지만 익숙해지면 편리함과 효율성에 만족할 거라는 확신이 있었다. 조교들은 ERP시스템을 두 손 들어 환영했다.

"서류 뭉치를 들고 다닐 필요가 없으니 얼마나 효율적인지 몰라요."

"필요한 정보를 한눈에 보기 쉽게, 빠르게 정리해 주니 쓸데없이 낭비하는 시간이 생기지 않던데요."

처음엔 불평을 호소하던 교수들도 점점 ERP의 장점에 놀라기 시작했다. 보직교수나 직원들의 반응도 적극적이었다.

"입력한 자료들이 그대로 남아 있어서 1년 동안 한 일들을 일목요연하게 정리할 수 있으니 두 번 일할 필요가 없어지더라구요. ERP 도입은 사고의 혁신을 가져다 주었어요."

"총장님이 해외 출장을 가셔도 인터넷으로 결재가 가능하기 때문에 행정업무 처리속도가 무척 빨라졌어요."

숙대가 ERP를 도입했다는 소식이 대학가에 알려지자 여기저기서 견학인파가 줄을 이었다. 포항공대를 비롯한 여러 대학이 숙대의 자문을 받아 ERP를 도입했다.

ERP도입은 쉬운 결정이 아니다. 더욱이 제대로 도입하기란 더더욱 어려운 일이다. 모든 정보를 모든 구성원에게 공개할 만큼 투명경영이 확보되어야 하고 여기에 교직원들의 협조가 뒷받침되어야 한다.

숙대가 ERP시스템을 도입했다는 소식을 듣고 정작 놀란 곳은 기업이었다. SK텔레콤의 김신배 사장은 그 놀라움을 이렇게 표현한다.

"대학에서 ERP를 도입했다면 그것은 기적이다. 대단한 일을 한 것이다. 이제 우리나라 대학이 선진화의 길로 들어섰다는 신호다. 투명경영, 정도경영, 윤리경영이 실천되고 있다는 증거다. 숙대의 용기와 위대함에 박수를 보내고 싶다."

시스템이 리더를 만든다

'세계 최고의 리더십대학'을 만들기 위해 숙대는 학생들이 따라오기만 하면 자연스럽게 섬기는 리더로 성장하도록 하는 단계별 교육시스템을 구축했다.

우선, 리더십 교양학부를 만들었다. 2005년부터 리더십 교양학부를 만들어 1학년은 모두 리더십 교육을 의무적으로 받도록 했다. 숙명인이 되는 순간 '글쓰기와 읽기', '발표와 토론', '숙명리더십', '리더십특강' 등 리더십과 관련된 학점만 14학점을 필수과목으로 이수하지 않으면 안 된다. 물론 2학년 때도 리더십과 관련된 전공과목을 이수해야 한다.

중어중문학전공의 박현주 학생은 "글쓰는 방법을 배우면서 생각을 정리하게 되었다. 또 많은 책도 읽게 되었다. 발표와 토론 시간을 통해 말하기에도 훈련이 필요하다는 사실을 알았다. 경청의 중요성도 깨달았다. 리더십특강 시간에 저명인사들의 강의를 들으면서 내 꿈과 목표를 구체화할 수 있었다. 1년 동안 리더십을 배우고 나서 학교에 대한 자부심이 생겼고 '할 수 있다'는 자심감이 생겼다"고 말한다.

둘째, 리더십주간과 리더십데이를 정해 리더십을 집중적으로 실천하고 있다. 리더십주간이란 매년 4월 중간고사 후 3일간 각 전공별로 다양한 리더십 특성화 프로그램을 개발해 전교생이 특강, 실습, 견학, 봉사활동, 학술활동 등의 리더십 교육과 훈련에 참여하도록 하는 것이다. 학생들의 적극적인 참여를 위해 학교 수업은 하지 않는다.

경영학과 전유진 학생이 삼성전자 셀프 리더십 프로그램을 체험한 후에 작성한 소감문의 일부를 발췌해 소개한다.

"'나를 깨우는 소리'를 들었다. 이것은 미래를 위해 뛰어나가고 있는, 그리고 미래의 리더가 되길 원하는 나 자신을 일깨우는 소리였다. 특히 이번 교육은 내 모습을 객관적으로 볼 수 있는 기회였다. 이를 통해 내게 진정 무엇이 필요한지도 구체적으로 알게 되었다."

숙명인들에게 11월 11일은 빼빼로데이가 아니라 미래의 비전을 선물하는 리더십데이이다. 리더십데이는 리더십 실천사례를 소개하고 발표대회와 리더십특강, 리더십공연 등이 열리는 리더십 축제일이다. 숙명리더십개발원은 학습에서만 그치는 리더십이 아닌, 생활 속에서 학생들이 적용하고 응용할 수 있는 살아 숨 쉬는 리더십을 가르친다.

셋째, 리더십을 전공과 연계시킨다. 1학년 때 배우고 익힌 내용들이 학년이 올라가면서 전공과 연계되지 않으면 리더십 교육은 탁상공론일 뿐이다. 그러나 숙대에서는 전공과 철저히 연결시켜서 응용하고 활용하도록 한다. 2학년부터 전공과목을 공부할 때 문제해결중심 PBL(Problem-based Learning) 방식으로 수업을 진행하여 스스로 문제를 해결하는 능력을 키우고 있다.

여기에다 전공별 리더 양성 프로그램을 함께 운영하고 있다. 자신의 전공분야에서 어떤 리더로 성장하고 싶은지 로드맵을 그리게 하고 꿈과 비전을 단계별로 실천하도록 유도한다. 이를 위해 리더십개발원에서는 전공별로 역할 모델을 정해서 벤치마킹할 수 있는 프로그램의 하나로 전공별 리더 시리즈를 발간하고 있다.

넷째, 글로벌 시대에 걸맞는 리더십을 키우기 위해 2001년부터 외국대학과 복수학위제를 실시하고 있다. 현재 미국의 아메리칸 American대학, 중국의 무한武漢대학, 일본의 리쓰메이칸立命館대학 그리고 아일랜드 그리피스Griffith대학과 협정을 맺고 있다. 국내와 해외의 두 대학에서 각각 2년씩 수학한 후 졸업하면 두 곳 대학의 학사 학위를 동시에 취득할 수 있다. 해외 22개국 140개 대학과 자매대학 협정을 체결하고 매년 전체 재학생의 약 10%가 해외로 나가고 있다.

또한 숙명리더십개발원은 국내에서 숙명인들을 끊임없이 교육 훈련하는 한편, 글로벌 여성리더를 기르기 위한 노력도 병행하고 있다. 그러한 노력의 결과물이 바로 숙명 미국리더십연수 프로그램이다. 이 프로그램은 매년 우수한 학생 20명을 선발해 여름방학, 겨울방학 기간 중 3주 동안 미국 워싱턴 D.C의 공공기관 및 사립기관을 방문,체험하는 현장학습 프로그램이다. 참가자는 이를 통해 미국사회에 대한 새로운 시각을 갖게 되고 국제적 이슈에 대한 설득력 있고 명확한 관점을 확립하게 된다.

또 학교의 대표적인 글로벌화 프로젝트로는 1999년부터 시작한 '해외탐방단 파견'이 있다. 3명을 한 팀으로 방문하고자 하는 국가와 자매대학을 선정하고 수행할 프로젝트의 세부 활동계획을 수립하여 합격 점수를 받으면, 1인당 아시아 지역은 80만 원, 미주와 유럽 지역은 120만 원씩 지원한다. 매년 여름방학 기간에 보통 10~14일 일정으로 계획되고 있는데, 학생들은 이 기간 동안 다양한 세계 문화를 접하는 소중한 기회를 갖게 된다. 귀국 후에는 보고서를 통해 다른 학생들과 경험을 공유한다.

2007년에는 235명이 학교 지원으로 해외탐방을 다녀왔다. 탐방지역도 아시아, 미주, 유럽, 남미와 아프리카 등 세계로 뻗어나감으로써 글로벌 숙명인의 모습을 보여주고 있다.

다섯째, 국내 최초로 리더십도서관을 만들었다. 리더십개발원의 장영은 원장은 "원장에 취임한 순간 세계 최고의 리더십도서관을 만들고 싶다는 생각을 했다. 독일에서 공부할 당시, 독일의 도서관 시스템의 편리함에 대해 너무나 놀랐다. 새로운 논문과 도서, 학술지, 정보지, 필요한 영상자료들이 한 도서관에 잘 정리되어 있었기에 논문작업을 수월하게 할 수 있었다. 그 기억을 더듬어 리더십에 관한 모든 것을 갖추겠다는 목표를 정했다. 내가 누렸던 혜택을 숙명인들에게도 주고 싶었다"고 말했다.

알파우먼은 시스템에서 시작된다

숙명리더십은 한 학기에 약 30개 분반이 있고 한 분반은 약 40명으로 구성된다. 즉 한학기에 약 1,200명이 수업에 참여한다는 얘기다.

이 수업은 리더십 전임교수의 지도 하에 10권의 필독서와 20권의 권장도서를 읽고 독후감을 제출해야 한다. 또한 읽고 느낀 점을 토론해야 한다. 이 과정을 통해 학생들은 리더십에 대해 스스로 성찰할 수 있는 계기를 갖는다. 읽어야 하는 책들은 주로 섬김리더십, 셀프리더십, 그리고 역경 속에서 리더로 우뚝 선 사람들에 관한 책이다.

수업 프로그램 중의 하나인 사명선언서 작성은 학생들에게 잊을 수 없는 시간이다. 사명선언서 작성에는 숙대의 전 학생이 참여한다. 교수들은 사명선언서 작성을 통해 학생들이 무엇을 꿈꾸고 어떻게 성장하는지 확인할 수 있다고 말한다. 인문학부 이지승 학생은 "사명선언서를 작성한 후 삶이 달라졌어요. 제가 작성한 사명이 저에게 말을 하는 것 같아요. 글로 쓴 사명의 힘을 깨달을 수 있었습니다"라고 말한다. 이 양의 사명선언서를 살펴보자.

"나 자신에게 부끄럽지 않은 사람이 되겠다. 내 주위의 모든 것들에 최선을 다하는 사람이 되겠다. 나는 세상을 사랑으로 안을 줄 아는 사람이 되겠다. 나는 용기와 배려, 그리고 내 인생의 최고 목표인 사랑으로 모든 것들을 포용할 줄 아는 깊은 사람이 되도록 평생 노력하겠다."

'미래의 명함 만들기' 역시 학생들에게 긍정적이고 미래지향적인

의식을 심어준다.

학생들은 또한 숙명연수원으로 1박 2일 동안 리더십 비전 만들기 여행을 떠난다. 수업시간에 배운 리더십 교육을 정리·요약하고 실천하는 단계로 나아가기 위해 리더십에 대해 성찰하는 시간을 가지는 것이다.

학생들은 자기 자신에게 왜 살아가야 하는지, 무엇을 하며 살아가야 하는지와 같은 근원적인 질문을 던지고 그에 대한 답을 찾는다. 이 과정에서 자기 안의 숨은 잠재력과 살아서 꿈틀대는 자신만의 꿈과 비전을 발견할 수 있다고 리더십개발원의 장윤금 실장은 설명한다.

숙대에는 '리더십특강' 이라는 수업이 있는데, 이 수업은 다양한 분야에서 역동적인 삶을 사는 리더들을 초청해 그들의 인생과 일에 관한 진솔하고도 감동적인 이야기를 전해 듣는 시간이다.

이노디자인 김영세 대표, 삼성전자 홍보담당 이인용 전무, 헤럴드미디어 홍정욱 대표, 스타커뮤니케이션 조안리 회장, 방송인 이금희 씨, 인코칭 홍의숙 대표, VIAC Korea 강혜구 대표, 한국경제신문 가치혁신연구소 권영설 소장, (주)예라고 허은아 대표, 소설가 남인숙, 월간 유아 유지영 대표, 치과공동체 모아그룹 민병진 대표, 육군정책홍보실 임관빈 실장, 숙대 총동문회 정춘희 회장, 효성그룹 연수원 김영원 원장, 선비문화교육원 이동희 원장, SK그룹 김홍묵 상무, GE코리아 강석진 전 회장, BMW 김효준 대표, 놀부 김순진 회장, 유앤파트너스 유순신 대표 등이 2007년 1학기에 리더십특강을 위해 숙대를 방문했다.

리더십특강은 한 학기에 1,500명 이상의 학생들이 수강한다. 그런데 이 수업은 사전에 예습을 해야 한다는 조건이 있다. 학생들은 강연을 듣기 전에 강사의 이력과 경력 및 저서들을 조사하는 활동을 통해 강사에 대한 정보를 사전에 알고 있어야 한다. 뿐만 아니라 자신이 이 강의를 통해 배우고 싶은 점과 강사의 어떤 면을 닮고 싶은지를 리포트로 정리해 초청강사에게 제출해야 한다. 숙대를 찾아온 강사들은 학생들의 이러한 모습에 감동을 받아 스스로 숙대의 홍보대사가 된다.

인코칭의 홍의숙 대표는 "강사와 강의 내용을 미리 숙지하고 수업에 임하는 1학년 학생들의 모습에 깊은 감명을 받았다"고 말한다.

의사소통센터, 창조적 모방으로 태어나다

"미국의 듀크Duke 대학은 좋은 학교이니 우리 대학에 도움이 될 만한 것들을 많이 보고 오세요."

국어국문학전공의 정병헌 교수가 2000년 안식년을 보내기 위해 미국으로 떠나기 전, 이 총장이 한 말이다. 정 교수는 듀크 대학 인근에 있는 노스캐롤라이나 대학의 세미나에 참석했다가 이 학교에 작문센터Writing Center가 있다는 사실을 알고 총장이 한 말을 떠올렸다. 이때부터 정 교수는 작문센터의 시스템과 운영방법에 관심을 갖고 생각들을 메모하기 시작했다.

당시 노스캐롤라이나 대학에서는 작문센터를 모범적으로 운영하는 것으로 정평이 나 있었고, 듀크 대학도 시범적으로 운영을 하고 있었다. 정 교수는 두 대학을 오가며 작문센터에 대한 이해를 넓혔다.

정 교수는 안식년을 끝내고 총장에게 간단한 보고서를 제출했고 이 총장은 일본대학시찰단에 함께 다녀올 기회를 주었다. 돌아와 작문능력개발센터의 센터장으로 임명된 정 교수는 국문과에 소속된 기관으로서가 아니라 학교전체 차원에서 학생들의 작문능력을 키우는 일에 정진할 수 있게 되어서 의지가 더욱 불탔다.

먼저 기존 국문과에서 담당하던 작문과목의 문제점을 분석하는 것에서 일을 시작하기로 했다. 과거 작문교육은 지식을 전달하는 데 치중했다는 아쉬움이 있었다. 우선 작문교육에 전념할 수 있도록 초빙교수 7명을 선발하되 다양한 전공자를 배경으로 뽑아 유연한 조직이 되도록 했다. 작문능력은 리더십의 중요한 요소라는 것을 인식시키는 것이 무엇보다 중요했다. 또한 살아 움직이는 작문실력을 키우는 데 초점을 두었다. 장기목표를 세우고 일주일 단위로 총장에게 이메일 보고를 했다. 나중에 총장은 "이제 센터장이 알아서 소신껏 운영하세요"라며 권한을 위임했다.

정 센터장은 "작문능력센터에 대한 밑그림은 이미 총장님이 다 그려놓은 상태였다"고 말한다. 국문과 교수들이 생각했던 것 이상으로 총장은 마스터플랜을 세우고 있었던 것이다.

첫학기에는 초빙교수들과 매주 강의안을 만들었다. 먼저 글쓰기부터 시작했다. 글이 말보다 중요하기 때문이다. 학생들이 꼭 읽어야 할 교양도서 50권을 선정해 7개의 장(문학, 역사, 철학, 윤리, 과학, 예술, 여성)으로 구성했다. 예를 들면, 소설 구운몽의 중요 부분을 발췌해 읽고 해설을 본 후, 작품의 핵심내용을 제시하고 역할을 바꾸어 글을 써보도록 하는 식으로 글쓰기 프로그램을 운영했다. 전공에 따라 선택이 가능하도록 구성했고 한 단원을 2주에 소화해 한 학기에 7단원을 마칠 수 있도록 기획했다. 기본적으로 교과서만이라도 철저히 끝내도록 계획했고 원하는 사람은 원전을 찾아서 더 깊이 연구하도록 구성했다.

2학기부터는 발표와 토론수업을 추가했다. 글쓰기 반은 한 반에 25명, 말하기 반은 40명으로 정했고, 처음에는 선택으로 했다가 나중에는 필수과정이 되도록 했다. 말하기를 좀더 재미있고 적극적으로 가르치기 위해 숙명토론대회도 개최했다.

토론대회 예산은 3,000만 원으로 책정했고 최종으로 뽑힌 네 팀에게는 지도교수와 함께 해외연수를 보내주기로 했다. 외부 심사위원으로는 이어령 중앙일보 고문과 언론인 박찬숙 씨를 초빙했다.

심사위원장인 이어령 고문은 "토론대회 진행방식과 토론내용을 보고 깜짝 놀랐다. 토론자들이 예의를 갖추면서 재미있고 날카롭게 질문하고 대답하는 모습에 감동했다. TV심야토론에 출연하는 것보다도 긴장되고 박진감이 넘치고 재미있었다. 우리나라 토론문화 성숙에 좋은 모델이 될 것 같다"고 소감을 말했다.

숙대의 작문능력개발센터는 삽시간에 다른 대학에 소문이 퍼져 나갔다. 심지어 숙대 교수와 직원들을 스카우트 하는 대학이 생겨날 정도로 숙대의 글쓰기와 말하기 과목은 히트 상품이 되었다.

작문능력센터는 의사소통센터로 명칭을 바꾸고 교수의 수도 계속

늘려 나갔다. 현재는 14명의 전임교수가 학생들을 전담해 가르치는 수준으로 발전했다. 한편 의사소통센터는 1년 동안의 수업 내용을 교재로 발간해 사용하고 있는데, 이 교재 역시 다른 대학의 참고도서로 활용되고 있다.

행정혁신의 메카로 등극하다

숙명의 행정혁신 이야기는 순식간에 전국의 대학으로 퍼져 나가 급기야 숙대는 행정혁신의 메카로 등극하기에 이른다. 특히 전국의 대학에서 찾아오는 행정담당자들의 숫자가 점점 늘어나 감당하기 어려운 상황에까지 이르게 되었다.

황영식 SOC총무인사팀장은 "대학 관계자들을 대상으로 행정혁신에 관한 교육과정을 개설하라는 요청이 빗발쳤다. 그래서 지식공유 차원에서 2000년에 제1차 대학행정아카데미 워크숍을 개최하게 되었다"고 취지를 밝혔다.

대학행정아카데미는 그동안 숙대가 행정혁신에 적용한 이론과 경험으로 터득한 노하우를 모든 대학과 공유함으로써, 시행착오를 줄이고 우리나라 대학행정 발전에 기여하고자 마련됐다.

1차 때 37개 대학 200여 명이 참석한 것을 시작으로 2007년 7차 워크숍에서는 전국 63개 대학에서 316명이 신청, 해를 거듭할수록 참여대학과 교육인원이 증가하고 있다. 2005년 한 해 쉰 적이 있었는데 전국에서 항의전화가 잇달아 다시 개설할 정도로 호응이 대단했다. 황 팀장은 그때 상황을 이렇게 설명한다.

"대학들이 IMF 위기에서 성공적으로 벗어났고 숙대에서 이미 다섯 차례나 워크숍을 했기 때문에 더 이상 교육수요가 없으리라 생각하고 중단을 했어요. 그런데 이게 웬일입니까? 왜 행사를 하지 않느냐고 난리도 아니었습니다. 결국 다음해부터 다시 시작하게 되었습니다."

어느 대학은 직원들의 필수이수 교육과정으로 선정해 20~30명씩이 교육에 참가시키고 있다. 최근에는 대학의 사무처장은 물론 대학 학장과 총장들까지 참가할 정도이다.

2007년에 열린 7차 대학행정아카데미 워크숍은 '대학의 경쟁력 강화를 위한 특성화 전략'이란 주제로 진행되었다. 프로그램 자료에 총장이 발표한 초대의 글을 읽어보면 대학의 고민과 과제가 잘 드러나 있다.

"교육시장 개방과 급속한 세계화의 조류 속에 우리 대학들은 여러 과제와 도전에 직면해 있습니다. 특히 대학은 창조적 지식의 산출소이자 차세대 리더를 양성하는 교육기관으로서 막중한 사명을 가지고 있습니다. 대학은 시대적 요구에 발맞춰 교육내실화, 특성화 정책, 행정혁신 등 대내외적인 변화에 적응하고자 최선의 노력을 다하고 있습니다. 이제 우리 대학들이 노력의 성과를 공유하고 네트워크를 구축한다면 더 큰 결실을 볼 수 있을 것입니다. 또한 각 대학의 경쟁력뿐만 아니라 국가경쟁력을 높이고 바람직한 대학문화를 창조하는 데도 일조하리라 생각합니다."

황 팀장은 "3일 동안 실비만 받고 교육을 제공하고 있어요. 숙대 아카데미 과정이 인기 있는 이유는 대학이 무엇을 해야 하는지를 명확하게 알려주기 때문이죠. 특히 BSC(균형성과표)나 HRD(인적자원개발)처럼 그때마다 대학행정의 화두가 되는 행정혁신의 경험사례를 직접 들을 수 있어서 수요가 많습니다"라고 설명한다.

참석자들은 보직교수들의 강의에도 관심이 많지만 행정실무를 맡고 있는 직원들의 강의에도 깊은 관심을 보인다. 그동안 황영식 팀장과 최성희 차장은 대학행정의 혁신사례와 평가 등을 주제로 많은 사례발표를 했으며, 2007년 제7차 워크숍에서는 'BSC를 활용한 평가의 시행' 및 '대학행정부문의 인적자원개발 방법'을 주제로 강의했다. 또한 대학의 주요 분야인 학사, 전산, 학생 서비스, 전략기획, 취업서비스, 도서관 등에 대한 강좌도 인기리에 진행되고 있다.

숙대의 실무 직원들에게 강의를 요청하는 곳은 타 대학, 대학교육협의회, 컨설팅회사 등에 이르기까지 실로 다양하다. 더욱이 행정혁신 이야기는 대학사회뿐만 아니라 기업에서도 상당한 관심을 보이고 있어 관계자들을 놀라게 하고 있다.

"기업에서 볼 때 대학은 변화에 아주 둔감한 곳으로 생각하는 경향이 있다. 그래서 숙대가 혁신에 성공했다는 말이 사실인지 확인하려 한다. 또 대학도 변하는데 기업이 변하지 않으면 안 된다는 자극을 원하기도 한다."

중국 고위층을 감동시킨 책갈피 사연

"2002년 10월 18일 오전 9시부터 오후 2시까지 중국 고위층이 우리 학교를 방문할 예정이니 철저한 준비를 바랍니다."

총장이 중국 고위층 방문 한 달 전에 목은균 원장에게 지시한 내용이다. 국내 굴지의 한 전자회사가 중국의 고위간부들을 초청하기로 했는데, 이들이 교육개혁에 성공한 대학을 방문하고 싶다는 요청을 해서 숙대를 선택했다는 내용이었다.

이 행사를 '베이징 프로젝트'라고 명명한 뒤 세부계획을 세웠다. '한국 대학의 성장과 발전 그리고 숙명여대'라는 제목의 주제발표는 이 총장이 맡기로 했다. 이외에도 영접, 환영행사, 대학홍보영화 상영, 대학소개, 방문단과 교직원 및 학생간의 자유토론, 학교시설 투어 및 체험행사, 공연관람, 오찬, 환송 순으로 프로그램을 준비했다.

총장은 베이징 프로젝트의 2차 리허설에 참석한 후 어딘가 미진한 감이 있다고 생각했다. 곧바로 중문과 교수들을 초빙해 관계자 회의를 열었다. 총장은 중국의 귀빈들이 우리 대학에 와서 감동을 받고 가게 하려면 어떻게 하면 좋을지 아이디어를 짜보자고 했다.

여러 가지 좋은 안들이 제시된 가운데 총장이 "방문단 개인의 이름을 넣어서 책갈피를 만드는 것이 어떨까요?"라는 제안을 던졌다. 게다가 중문과 양동숙 교수에게는 "이왕이면 이름으로 한시漢詩를 지으면 더욱 좋을 것 같아요. 그리고 좋아하는 한시를 한 수 읊어보면 더욱 좋겠죠"라며 한 술 더 뜬 제안을 했다. 양 교수는 총장의 아이디어를 받아들여 중문과 교수들과 함께 방문단 개개인의 이름으로 한시를 짓는 데 동의했다. 또 그 한시를 책갈피에 담아 예쁘게 디자인하고 코팅해 방문객들에게 선물하겠다고 덧붙여 말했다.

사실 한자 이름으로 한시를 짓는 것은 중국인 가운데서도 한문에 뛰어난 학자가 아니고서는 시도하기도 어려운 일이다. 더군다나 한두 명도 아니고 50여 명의 이름만 가지고 한시를 짓는다는 것은 무모한 도전이었다.

드디어 행사 당일 중국 귀빈들이 예정시각에 도착하자, 모든 담당자들은 연습했던 대로 한 치의 오차도 없이 임무를 수행해 중국대표단을 감동시켰다. 그리고 오찬장에서 자신들의 이름으로 만든 책갈피를 확인하는 순간 감동의 물결이 출렁이기 시작했다.

중국대표단은 총장에게 "숙명여대를 통해 본 한국 대학의 발전과 숙명여대의 모든 교육 내용에 깊은 감명을 받았다"며 고마운 마음을 연신 표현했다. 국내 전자회사의 책임자도 "이렇게 짧은 시간에 완벽한 준비로 중국인들을 감동시켜줘서 고맙다"며 감사 인사를 건넸다. 그 후로도 중국 고위층은 매년 방문단을 새롭게 구성해 숙대를 찾아오고 있음은 말할 것도 없다.

5장
블루오션을 찾아라

꼬르동블루 한국 분교를 세우다

프랑스의 꼬르동블루Cordon Bleu 요리학원은 100여 년의 역사와 전통을 가진 명문학원이다. 이 학원은 세계 15개국 주요 도시에 26개 요리학교를 운영하고 있는 다국적 요리전문법인으로서, 런던 분교에서는 엘리자베스 2세의 대관식 오찬을 준비했고 프랑스에서는 외교관 부인들의 필수 수학코스이기도 하다. 그래서인지 세계 각국 최고급 호텔의 수석 주방장들은 대부분 꼬르동블루 출신인 경우가 많다. 아시아에서는 일본이 첫 번째 분교를 설립했고 숙대가 두 번째를 기록했다.

2001년 10월 4일 언론의 관심 속에 숙대와 꼬르동블루의 투자협정 조인식이 개최되었다. 꼬르동블루는 숙대에 250만 달러의 외자를 투자했고 이는 국내 대학 최초로 외자를 유치한 쾌거이다.

숙대는 어떻게 이런 기적을 만들 수 있었을까. 사실 여러 기업과 대학이 꼬르동블루의 한국 유치를 위해 필사적인 노력을 기울여 왔다. 그러나 결국 숙대가 꼬르동블루의 유치에 성공했고 이들에게는 이변이 아닐 수 없었다.

꾸엥뜨로 회장은 "왜 숙대를 선정했느냐"는 기자의 질문에 "가장 신뢰할 수 있는 학교이기 때문이다"라는 의미있는 한 마디로 잘라 말했다. 오랜 역사와 전통, 정직하고 투명한 이미지, 대학구성원의 리더십 등 숙명의 장점을 높이 평가한다는 답변이었다.

이처럼 유명한 꼬르동블루지만 처음 홍보과정에서는 난관이 꽤 많았다. 세계적인 명성의 요리학원임에도 불구하고 국내 언론에서는 꼬르동블루에 대해 아는 기자가 거의 없었다. 안민호 홍보실장은 사회부 기자들을 맨투맨으로 설득하기 시작했다. 우선 홍보실장 자신이 기사에 대한 확신을 갖고 있었기에 가능한 일이었다.

"세계에서 통하는 자격증, 교육서비스를 이제 우리나라 교육기관에서도 하는 겁니다. IMF 외환위기 때 대학을 졸업하고도 해외취업을 위해 외국에 나가 학원을 전전해야 했던 우리 학생들, 지금부터는 우리 대학에서 그 교육과정을 이수할 수 있습니다. 해외에 나가 취업을 할 수도 있고요. 그리고 외국기업으로부터 투자유치를 받는 국내 최초의 대학이라는 것도 큰 의미가 있습니다."

안 실장은 국내 대학 최초의 외자유치라는 점을 알리기 위해 이 총장과 꼬르동블루 회장과의 인터뷰를 시리즈로 준비했다. 다행히도 이 총장의 인지도가 높았고 인터뷰 내용이 좋았던 덕에 홍보 효과는 폭발적이었다. 적극적인 투자유치에 대해 총장은 다음과 같이 설명한다.

"우리 숙대는 조선 황실에서 세운 학교인 만큼 가정학과를 모태로 출범했다. 현재도 국내 대학 유일의 한국음식연구원이 숙대에 있어 궁중요리의 전통을 이어가고 있다. 꼬르동블루 역시 프랑스 황실에서 세운 요리학교로 숙대의 정신과도 일맥상통한다. 또한 국민소득 수준이 2만 달러를 넘게 되면 고급음식문화에 대한 수요가 급증하는 것이 선진국의 추세인 점을 감안한다면, 한국음식의 세계화와 세계적인 음식의 한국화는 필수적이다. 숙대는 이 모든 조건을 고려해 꼬르동블루를 적극적으로 유치하게 되었다."

다음 순서는 꼬르동블루 회장과의 인터뷰였다. 그런데 프랑스 본사로부터 회장의 건강이 좋지 않아 참석을 못하고 부회장이 대신 참석한다는 소식이 전해졌다. 이 소식을 들은 안 실장은 앞이 캄캄했다. 입만 열면 "꾸엥뜨로 회장은 정말 대단한 사람이다. 외국에서는 그와 인터뷰를 한 번 하는 게 하늘의 별 따기처럼 어렵다. 그에 대한 인터뷰 기사는 최고의 가치가 있다"고 침이 마르도록 홍보해 온 안 실장으로서는 참으로 난감한 일이 아닐 수 없었다.

주야로 떠들어대던 말을 스스로 주워 담아야 하는 심정을 그 누가 알겠는가. 풀이 죽어 기자 한 사람 한 사람에게 전화를 걸어 회장 대신에 부회장이 온다며 그래도 꼭 취재를 부탁한다고 애원하다시피 매달렸다.

그 노력의 결과였을까. 투자 조인식이 있던 행사 당일, 거의 모든 매체들이 찾아와 취재를 했고, 잡지사를 비롯해 군소언론사들 또한 열띤 취재열기를 보였다. 총장과 인터뷰를 하기 위해 기자들이 줄을 설 정도로 성황을 이뤄 숙명 홍보 역사의 한 페이지를 장식했다.

이렇게 많은 관심 속에서 시작된 꼬르동블루 교육과정은 프랑스 본교와 다를 바가 없어서 유학을 가지 않고도 유학의 효과를 그대로 누릴 수가 있었다. 당연히 요식업계는 폭발적인 관심을 보였다.

동시에 한국 음식의 세계화에 대한 노력도 계속됐다. 김치가 세계적인 음식으로 각광받을 수 있도록 연구에 연구를 거듭했다. 2006년 꼬르동블루는 농림수산부 산하 농수산물 유통공사와 함께 『한국 김치와 꼬르동블루: 그 맛과 향 그리고 문화의 만남』이라는 요리책을 출간했다. 이 김치 요리책은 영어와 불어, 일본어로 번역·제작되어 '김치와 서양식 요리법을 적절하게 융합시킨 혁신적인 요리책'이라는 평을 받았다.

꼬르동블루 과정은 2007년 3월에 '르 꼬르동블루 호스피탈리티 MBA' 과정이 개설됨으로써 비약적인 발전의 계기를 맞았다. 이 과정은 환대, 접대를 뜻하는 호스피탈리티hospitality란 단어에서 유추할 수 있듯이 국내 최초 서비스 전문 글로벌 경영대학원이라는 장점을 가지고 있다.

박내회 원장은 "기존 MBA 과정이 '리더'에만 초점을 맞췄다면 호스피탈리티 경영대학원은 '서비스 리더' 양성에 중점을 둔 것이 특색이며, 대한민국 최초, 세계 최고의 서비스 전문 경영인을 만들겠다는 목표를 밝힌 만큼 서비스와 외식 산업에 종사하는 사람들의 관심이 무척 높다"고 소개한다.

전 과정이 영어로 진행되고 수료하면 숙대와 프랑스 꼬르동블루의 학위를 동시에 취득하게 된다. 세계 어디를 가나 통하는 MBA과정인 만큼 우리나라 서비스 문화를 세계적인 수준으로 높이는 역할을 할 것이다.

국내 최초, 음악으로 영혼을 치료하다

1997년 2월 국내 최초로 개설된 음악치료대학원은, 이미 50년의 역사를 가진 미국의 음악치료 교육과정을 만족시킬 정도로 수준높은 교육 서비스를 제공한다.

숙대의 이 대학원이 유명한 이유는 우리나라에서 음악치료사 정규 교육과정을 처음 시작한 최병철 교수가 있기 때문이다. 최 교수는 미국에서 한국인 최초로 공인음악치료사 자격을 취득한 후 메트로폴리탄 주립병원에서 음악치료사로 4년간 근무했다. 그 뒤 한국 대학에서 음악치료사를 양성하기 위해서는 박사학위가 필요하다고 판단해 캔자스대학으로 갔다. 거기서 학위를 받고 96년에 귀국해 숙명여대에 둥지를 틀었다. 최 교수가 숙대로 마음을 정한 것은 숙대가 자신의 비전과 목표를 달성하는 데 가장 적합하다고 생각했기 때문이다.

최 교수는 바이올린으로 미국대학에서 석사학위를 받았을 때, "바이올린 연주를 하면서 평생 행복하게 살 수 있을까? 또 바이올린 연주는 내가 목숨을 걸 만큼 가치 있는 일일까?" 등의 질문을 자신에게 던지며 진로에 대해 심각하게 고민했다.

인생의 중대한 기로에서 망설이던 최 교수가 음악치료 교육에 관심을 가지게 된 계기는 이렇다.

어느 날 최 교수는 두 팔이 없고 손이 어깨에 붙은 한 아이가 음악교육센터의 문을 열고 나오려는 것을 보고 도와주려고 손을 내밀었다. 그러나 아이는 "괜찮아요. 아무튼 고맙습니다" 하면서 밝은 표정으로 혼자서 문을 열고 나갔다. 최 교수는 순간 말로 표현 못할 가슴 뭉클한 감동을 느꼈고, 음악이 어떻게 아이를 이렇게 건강하게 자랄 수 있도록 했는지 궁금해졌다. 그 후 여러 경로로 음악치료에 대한 교육과정을 소개받아 일리노이 주립대학으로 진학하기에 이르렀다.

최 교수는 첫 강의시간에 음악치료학의 정의를 들으면서 소름이 끼칠 정도의 전율을 느꼈다. '음악을 도구로 사람의 행동을 변화시킨다' 는 말에 충격을 받았다.

"바로 이거야. 나도 한번 해보고 싶다. 나는 분명히 잘할 수 있을 거야!" 평생 해온 음악으로 다른 사람을 도와줄 수 있다는 건 얼마나 신나고 멋진 일인가! 상상만으로도 기쁨이 넘쳐났다. 그때부터 자나 깨나 음악치료만을 생각하게 되었다.

"저에게 가장 먼저 일어난 변화가 뭔지 아세요? 걸음이 빨라진 겁니다. 왜냐고요? 하고 싶은 일이 너무 많아지니까, 걸음이 그냥 빨라지더군요. 시간이 아까운 거지요."

이렇게 세워진 음악치료대학원을 통해 치유를 경험한 감동적인 사례는 넘쳐날 정도로 많다. 그중에서도 가장 잊을 수 없는 사례는 일곱 살 난 정신지체아를 둔 어느 아빠의 이야기다.

그 아빠는 어느 날 아이 엄마를 대신해 처음으로 아이를 데리고 학교에 왔다. 못마땅한 얼굴을 한 채 대기실에서 신문을 읽고 있다가 우연히 자기 아들이 무언가를 열심히 하고 있는 모습을 보고는 깜짝 놀랐다. 아무것도 할 수 없다고 생각했던 아들의 모습이 아니었던 것이다.

그는 그제서야 자기 아들도 배우면 된다는 생각을 했다. 그는 지성인으로서 전문직에 종사하는 자존심이 강한 사람이었다. 결혼 후 다운증후군을 가진 아이가 태어났을 때 그는 자신의 아기임을 거부했다. 상상할 수 없는 일을 현실로 인정하고 싶지 않았던 것이다. 길을 걸을 때도 아들과 함께 걷는 게 싫어서 남남처럼 떨어져 걸었다. 7년 동안 가족이기를 거부한 채 아내에게 모든 것을 떠맡겨 왔다. 이러니 가정이 원만할 리 없었다.

아들이 무언가를 시도하는 모습은 얼어붙은 그의 마음을 녹이기 시작했다. 후회와 죄책감이 밀물처럼 밀려왔다. 아들이 행복해 하는 모습을 보며 비로소 아들이 살아 있는 인격체임을 느꼈다. 그리고 식구들에게 정말 미안하다는 생각이 들었다. 그는 아내와 아들에게 진심으로 사과하며 지금부터는 아무리 바빠도 자신이 직접 아이를 데리고 다니겠다고 약속했다. 그 후 그는 충실한 아빠가 되어 아들이 변화하는 모습에 감격하면서 음악치료의 열렬한 홍보요원이 되었다.

대학원 졸업생들도 어떤 방법을 동원해도 반응을 보이지 않던 아이들이 음악을 통해 변화될 때면 큰 보람을 느낀다고 한다.

음악치료대학원의 학생 수는 2007년 현재 122명이다. 매학기 25명의 신입생을 모집하는데 평균 10대 1에 육박할 정도로 경쟁이 치열하다. 2007년 1학기에도 270명의 학생이 지원했다. 또 매학기 교양과정으로 음악치료사 15주 입문과정을 운영하고 있는데 매년 1,000명이 넘는 학생이 수강한다.

음악치료대학원의 설립과정 또한 매우 극적이다. 처음에 특수대학원으로서 음악치료대학원 개설을 신청했으나 교육부에서는 인가를 해주지 않았다. 실무자들이 몇 번을 찾아갔으나 허사였다.

어느 날 총장은 최 교수에게 음악치료를 소개할 내용을 간략히 적어달라고 했다. 그리고는 그날로 교육부를 찾아가 담당 말단 직원부터 차례로 만나기 시작해 결국 장관까지 만나 설득 작업을 벌였다. 총장의 열정에 감동한 교육부에서는 2주 후 설립허가를 통보해 주었다.

현재 대학원에서는 클리닉 센터를 두 곳에서 운영하는데 60명이 넘는 장애인들이 참여하고 있다. 개설 초기에는 장애아동들만 센터를 방문했다면 근래에는 일반 성인들까지 센터를 찾아온다. 그것도 항상 대기자가 있어 얼마간 기다려야 서비스를 받을 수 있는 실정이다.

한편 숙대의 사회교육대학원에는 유리드믹스 과정이 있어 보완을 이루고 있다. 음악치료대학원은 주로 문제를 가진 성인이나 장애아동을 대상으로 하는 반면에, 유리드믹스 과정은 일반 아이들을 대상으로 음악적 접근을 통한 정서 함양에 초점을 맞추고 있다. 이 과정 역시 숙대에서 최초로 개설해 일시에 사람들의 관심을 집중시킬 정도로 성공한 프로그램이다.

문연경 주임교수는 "음악을 통해 공부도 잘하고 정서도 좋아지는 효과를 체험하는 사람들이 증가하면서 대학원을 찾는 발걸음이 많아지고 있다"고 말한다.

미국에서도 인정받는 TESOL

이 총장은 7년 반의 미국 유학생활을 통해 영어의 중요성을 뼈저리게 느꼈다. 그래서 평소에도 "제대로 된 영어 교육을 할 수 없을까?" 고민을 하곤 했다. "비용은 많이 들면서도 효과는 적은 지금의 영어 교육방법을 개선하려면 우선 영어를 가르치는 교사들을 위한 교육부터 달라져야 한다." 이것이 총장이 내린 결론이다. 그래서 영어영문학부의 황선혜 교수에게 미국의 명문 TESOL(Teaching English to the Speakers of Other Languages)대학원인 메릴랜드 대학의 프로그램 도입을 검토해 보라고 지시했다.

황 교수는 정치학을 전공한 총장이 어떻게 그런 생각을 할 수 있었는지 궁금해서 물어보았다. "외국대학을 방문할 때마다 우리 대학에 필요한 것이 있나 하고 살폈는데 이게 눈에 들어오더군요"라고 대답하는 총장을 보며 역시 준비된 총장은 다르다고 느꼈다고 한다. 이렇게 해서 국내 대학 최초로 영어교사 교육과정인 TESOL이 탄생했다.

TESOL 과정은 1997년 3월에 첫 학기를 시작했다. 5개월 과정으로 '영어교사 교육 제대로 하기'를 기치로 내걸고 학생모집에 들어갔다.

숙대는 영어교육에 대한 갈증은 영어교사교육이라는 첫 단추부터 제대로 풀어가야 해결된다고 생각했고, 그 생각은 주효했다. 영어교사들은 자신의 영어능력과 교육능력을 수준급으로 향상시키고 싶어 했다. 숙대는 이 현실적인 열망을 직시하면서 '영어교사교육의 국제화'를 추진했다.

숙명의 TESOL은 미국에서 영어교사교육으로 정평이 나 있는 메릴랜드 대학과 공동 협력과정으로 결연을 맺고, 그곳의 프로그램을 들여와 운영하도록 했다. 학교에서는 교수진 전원을 영어교육 경력과 자격을 갖춘 원어민으로 충원했다. 오직 영어로만 교육을 진행하는 것은 물론이고 질문, 토론, 발표 등의 적극적인 수업참여 방식도 도입했다. 또한 철저하게 예습, 복습을 해야만 수업을 따라갈 수 있도록 프로그램을 설계했다. 학생 중심의 교육을 공표하면서 공부할 내용을 기초로 대화나 토론을 하도록 유도했다. 1주일에 12시간씩 5개월을 스파르타식으로 오직 영어의사소통에 집중했다. 공휴일에도 수업은 계속된다. 미국에서 정해진 커리큘럼을 따라가려면 쉴 수가 없다.

하지만 이렇게 성공적으로 시작했다는 감격도 오래가지 않았다. 1997년 12월에 IMF 외환위기가 터진 것이다. TESOL의 미래가 걱정되어 황 교수는 밤잠을 이룰 수 없었다. 그런데 이 총장은 오히려 여유 있는 모습이었다.

"기다려 보세요. 위기가 기회로 바뀔 수도 있잖아요."

기대 반 우려 반으로 학생모집에 들어갔다. 그런데 놀랍게도 외환위기 전보다 더 많은 사람들이 몰려왔다.

명예퇴직과 정리해고 등으로 실업자가 넘쳐나면서 '실력이 없으면 직장도 미래도 보장받을 수 없다'는 생각이 싹트기 시작한 것이다. 영어교사도 실력면에서 자기계발을 철저히 하지 않으면 도태된다는 위기감이 프로정신을 발동시켰다. TESOL은 사회 상황과 맞물려 계속 성공을 거두었다.

영어교사 교육과정임에도 불구하고 영어교사든, 다른 직종의 교사든, 학생이든, 일반인이든, 모두 탁월한 자기훈련의 시간을 가졌다. 황 교수는 더욱 자신감을 갖고 TESOL에 에너지를 쏟았다. 5개월 과정을 수료한 학생들의 만족도는 상상을 초월했다. 이처럼 공부한 학생들은 내친 김에 석사학위까지 받고 싶다는 꿈을 내비쳤다. 그리고 학교 당국에 석사과정을 개설할 것을 요청했다.

그 결과 1999년 TESOL 석사과정이 개설됐다. 한국 최초로 생긴 TESOL 대학원은 해가 갈수록 인기가 높아졌고 타 대학에서 숙대를 벤치마킹해 TESOL 대학원이 전국적으로 생겨나기까지 했다.

숙대 TESOL의 인기비결은 학생들의 만족도가 높다는 데 있다. 수요자 중심의 교육을 하고 있으니 학생들은 만족할 수밖에 없다. 만족한 학생들이 가까운 사람들에게 추천하면서 더 많은 학생들이 몰려들었다.

TESOL에 지원한 제주한라대학의 양윤정 교수는 "현직 영어교수이지만 영어를 제대로 가르치고 싶어서 지원했다. 정말 교수님들의 실력과 열정, 교육시설 등에 대만족이며 탁월한 선택이었다"고 만족감을 나타냈다.

숙대 영문과를 갓 졸업하고 TESOL 과정에 참여한 김보라 씨는 "영문학을 전공했지만 이번 과정을 통해 비로소 영어에 대한 자신감이 생겼다. 학습방법이 아주 좋다"고 역시 만족감을 숨기지 않았다.

숙대 TESOL이 명성을 얻게 된 이유로 철저한 평가시스템을 들 수 있다. 파트너인 미국 메릴랜드 대학에서는 매 학기 두 명의 평가교수가 와서 정석의 평가를 실시한다. 평가에 매달리는 이유는 간단하다. 숙대와 미국 대학이 공동으로 자격증과 학위를 주기 때문에 미국에 준하는 수준을 유지해야만 한다. 이처럼 냉혹한 평가가 있기 때문에 숙대에서 받은 학점은 미국 대학원에서도 그대로 인정받는다. 숙대의 TESOL 대학원이 최고의 영어교육 기관으로 인정받고 있다는 증거다.

숙대의 기적은 탁월한 시스템과 이를 운용하는 사람들이 만든 것이다. 국제화된 교육과정, 첨단시설을 갖춘 TESOL 인재관, 학생들의 철저한 자기학습 관리가 서로 연계되어 있는 까닭에 양질의 교육이 유지될 수 있는 것이다.

초창기부터 실무 책임을 맡은 염경숙 교수는 "숙대의 TESOL은 자타가 공인하는 우리나라 최고의 영어교사 교육기관이 되었다. 현직 교사들뿐만 아니라 유학 준비생, 학원 영어강사, 취업을 원하는 학생들이 지원하여 치열한 경쟁률을 보이고 있다. '지옥훈련소'라는 별명이 말해주듯 조금만 흐트러져도 탈락하기 때문에 참으로 힘든 과정이지만 졸업생들은 '그래도 숙대가 최고'라는 찬사를 아끼지 않는다. 교육청에서 영어교사들의 위탁교육 요청도 점점 늘어나 요즘 행복한 고민에 빠져 있다"고 자랑한다.

숨은 금맥 '여성'을 발굴하라

미래학자들은 인적자원으로서 여성인력의 무한한 잠재력을 주목했는데 최근 우리나라에서도 여성인력에 대한 관심이 급증하고 있다. 저출산·고령화 사회에 들어서면서 국가경쟁력의 핵심요소로 여성인력의 활용 방안이 적극 모색되고 있고 어느 때보다도 여성인력의 필요성이 강조되고 있다.

1960년도에 세워진 아시아여성연구소는 우리나라 최초의 여성연구소다. 이 연구소에서는 50년 가까이 여성문제를 집중적으로 연구해 왔고 여성인적자원개발대학원 출범의 산파역을 담당했다. 아시아여성연구소의 오재림 소장은 "숙대는 우리나라가 선진국으로 진입하기 위해서는 여성인적자원개발과 관리에 대한 교육과 연구가 중요하다고 판단했다. 그래서 2006년 여성인적자원개발대학원과 여성 HRD센터를 교육인적자원부의 재정적 지원을 받아 설립하게 되었다"고 배경을 설명한다.

여성인적자원개발대학원은 국내 최초일 뿐만 아니라 세계에서도 유일한 것으로 보인다. 인적자원 중 여성을 특화하여 운영하다 보니 수요가 높아 많은 응시자들이 몰려오고 있다. 여성의 역할이 중요해지고 있는 요즘, 저출산 문제의 해결은 여성인적자원 개발과 직결되어 있기 때문에 대학원에 대한 기대는 점점 높아지고 있다.

여성인적자원개발대학원의 교과목은 실무와 이론을 동시에 겸비할 수 있도록 구성되어 있다. 한편 기존 전문직 여성과의 연계를 통한 멘토링 프로그램을 운영하는가 하면, 여성인력관리 전문가, 여성정책전문가의 초대강연도 진행하고 있다.

지금까지 초청된 주요 강사는 대통령 자문 일자리위원회 송위섭 위원장, 한나라당 진수희 국회의원, 세종문화회관 김주성 사장, 우먼타임스 신숙희 사장, 산업인력관리공단 김용달 이사장, 한국고용정보원 권재철 원장, 현대홈쇼핑 홍성원 사장, 한국블랜차드컨설팅 조천제 대표, 여성가족부 김태석 본부장, 한국애니어그램센터 김현정 소장, LG인화원 윤여순 상무 등이다.

이외에도 해외 유수의 대학에서 매년 인적자원개발 관련 석학을 초빙하여 국제 워크숍을 열고 있으며 참가한 사람에게는 관련 자격증을 수여하고 있다. 또한 국내에서 이루어지는 포럼과 워크숍을 포함해 해외학회 참석에도 지원을 아끼지 않고 있다. 2006년 말레이시아에서 열린 아시아인적자원개발 학회에 11명이 학교 지원을 받아 참석했고, 2007년 미국 애틀랜타에서 열린 ASTD(미국기업교육협회) 학회에도 4명이 참석했다.

대표로 참석했던 박경희 씨는 참가소감을 다음과 같이 밝혔다.

"그곳에서 저명한 석학, 권위자들을 직접 볼 수 있는 기회를 가졌다. 각국에서 온 전문가들과 동등하게 명함을 주고받으며 숙대 대학원생으로서 자부심을 갖게 되었다. 사람들은 대학원생이 학교 지원을 받아 참석하는 기회가 거의 없다면서 놀라워했다. 이를 보면서 우리 대학원이 앞서갈 수 있는 기회를 제공하고 있다는 것을 알게 되었다."

또한 여성인적자원개발 대학원의 자매기관인 여성 HRD 센터가 있어 대학원생들은 연구보조원으로 여성 HRD 프로젝트 연구경험을 쌓고 전문가들과 인적 네트워크를 형성할 수 있는 기회를 가질 수 있다. 대학원생으로서 HRD센터에 근무하는 송미현 씨는 "학교에서 배운 것을 실무에 바로 적용할 수 있어 너무 유익하다"고 자랑스럽게 말한다.

이영민 주임교수는 "선진국이 되려면 여성의 경제활동 참가율이 현재의 50%에서 60% 이상으로 증가해야 한다. 여성이 일하기 좋은 환경을 만들어야 저출산 문제를 해결할 수 있고 선진국에 진입할 수 있다. 우리 대학원과 HRD 센터는 여성들이 양적으로 뿐만 아니라 질적으로 성장할 수 있는 교육과 연구에 중점을 둔다. 학생들과 연구원들은 저출산·고령화 사회의 문제를 해결하겠다는 자세로 공부하고 있다"고 소개한다.

지금까지 주식회사 숙명여대의 대명사가 된 특수대학원 11개 중 3개 대학원을 살펴보았다. 그 밖에 교육대학원, 정책·산업대학원, 라이프스타일디자인대학원, 임상약학대학원, 국제관계대학원, 전통문화예술대학원, 사회교육대학원, 원격대학원 등 8개 대학원 역시 경영마인드를 적용해 차별화된 프로그램으로 좋은 반응을 얻고 있다.

I 세대를 위한 디지털캠퍼스로 거듭나다

대학방송은 1970년대와 1980년대에 전성기를 누리다가 1990년대부터 퇴보하기 시작했다. 변화하는 시청자의 수준과 하루가 다르게 발전하는 기술의 흐름을 따라가지 못했기 때문이다.

그러나 이런 일반적인 추세와는 달리 숙대의 대학방송은 발 빠른 변신으로 여전히 학생들의 사랑을 받고 있다. 숙대는 현재 가장 주목받고 있는 차세대 방송 시스템인 인터넷 TV(IPTV)를 2년 동안의 준비기간을 거쳐 2006년에 첫 방송을 내보냈다. IPTV란 인터넷 프로토콜 텔레비전Internet Protocol Television의 약자로, 초고속 인터넷망과 TV를 이용해 동영상 콘텐츠 방송 등을 실시간으로 즐길 수 있는 서비스를 말한다.

기술은 개발됐지만 법과 제도의 미비로 서비스가 제한된 인터넷 TV가 대학에서 먼저 시작된 것이다. 숙명 IPTV는 2006년 5월 삼성전자로부터 75대의 52인치 PDP TV, LCD 모니터, 셋톱박스 등 관련 기자재를 기증받아 구축됐다. 삼성전자가 숙대에 투자한 이유는 숙대가 디지털 분야에서 선구자 역할을 해왔다고 평가했기 때문이다. 숙대 교육방송국은 수개월간의 시험방송을 거쳐 본방송을 시작했다.

숙명 IPTV는 뉴스, 초청인사 특강 등 교내 행사 생중계와 더불어 학교 내 공지 사항, 취업정보, 외국어 배우기, 요리 강습 등 다양한 프로그램으로 이루어져 있다. 또 교환학생으로 해외에 나가 있는 학생들의 현지 소식을 전하는 것은 물론, 동창회 지부간의 실시간 정보 교류의 장으로도 활용된다.

강형철 영상미디어센터장은 "현재 숙대에 있는 교내 전광판, 인터넷생방송중계, 모바일캠퍼스 인프라 등과 함께 인터넷 TV방송으로 한 단계 업그레이드 된 유비쿼터스 캠퍼스의 면모를 갖추게 됐다"면서 "교내 IPTV 방송은 국내 대학 뿐만 아니라 세계적으로도 최초일 듯하다"고 말한다.

이 총장은 개국 기념 축사에서 "국내 대학 최초로 IPTV 방송을 시작하게 된 것을 기쁘게 생각하고 도움을 주신 모든 분들께 감사드린다. 그리고 IPTV를 통해 우리 학교 내의 의사소통이 원활해지기를 기대한다"고 말했다. 이어서 삼성전자의 이현봉 사장은 "디지털대학의 개척자인 숙대가 한국 IPTV의 발전을 이끌어 가길 바란다. 앞으로도 다양한 분야에서 숙대와 산학 협력 관계를 유지해 나가겠다"는 계획과 의지를 밝혔다. 숙대생들은 IPTV에 만족감을 표현한다.

"강의가 없는 시간에 밥을 먹으면서 공지사항을 확인할 수 있어서 굉장히 편리해요. 또 번거롭게 가입하고 조회하고 그럴 필요가 없어서 쉽게 정보를 찾아볼 수 있어요."

숙대는 어떻게 발 빠르게 IPTV를 도입할 수 있었을까. 우선 숙대에는 프로그램을 만들 수 있는 인프라가 갖추어져 있었다. 숙대 정보방송학전공은 실습위주로 수업을 하기 때문에 학과에서 프로그램 콘텐츠를 제공할 수 있는 기반이 구축되어 있었고, 학생들의 자발적 참여는 지속적인 프로그램 공급을 가능하게 했다.

또 다른 이유는 최고결정권자인 총장의 결단력이다. 무엇이든 최초로 한다는 것은 불확실성이 따른다. 2억 원에 가까운 투자를 하는 것은 대학으로서는 모험이다. 그런데 이 총장은 실무자들의 의견을 수용한 후 IPTV 도입을 단행했다.

유은주 IPTV 담당자는 IPTV가 끼친 영향을 다음과 같이 말한다.

"숙대는 IPTV 덕에 학교에서 무슨 일이 일어나고 있는지를 교직원과 학생들이 실시간으로 알 수 있다. 이것은 조직의 정체성을 공유하는 데 큰 도움을 준다."

위미노믹스의 신세계 창조

디지털대학의 선두주자인 숙대는 그 저력을 아시아로 확대시키기 위해 1996년에 아태여성정보통신센터를 개설했다. 이 센터는 한국과 북한, 나아가 아태지역 여성들의 정보화 수준을 향상시키고 여성 정보문화 발전에 기여할 목적으로 설립됐다. 이듬해에는 UN 기구인 유네스코로부터 '여성을 위한 커뮤니케이션 기술분야'의 수행기관으로 지정되어 국제적인 기구로 발돋움했다. 디지털화와 세계화가 접목되는 순간이었다.

1998년 '여성정보화 지원을 위한 웹 정보서비스 시스템 구축사업'을 필두로 99년에는 APEC 역내 여성정보통신 네트워크 워크숍을 개최해 동남아시아 여성리더들의 정보화 수준을 한 단계 높였다.

2004년에는 여성 기업가를 위한 APEC e-비즈 훈련 프로그램을 운영했다. APEC 교육재단과 UN의 후원을 받아 15개 APEC 회원국 중 총 30여 명의 여성 기업인들이 참석한 가운데 2주 동안 숙대에서 개최했다.

숙대에 개설된 APEC e-비즈 센터의 책임을 맡고 있는 김교정 원장은 "21개 APEC 회원국의 후방지원을 받아 국내외 여성 기업인들을 대상으로 IT 산업기술, 리더십, 마케팅 교육 및 교육 솔루션을 개발하는 것이 센터의 역할"이라고 설명한다.

김 원장은 "각 분야의 여성 최고경영자들은 e비즈니스에 적극적으로 뛰어들어야 한다"고 강조한다. "치열한 국내 시장에서 눈을 돌려 해외 여성 기업인들과 교류하다 보면 자신의 기술과 아이디어가 다른 나라의 시장에서는 통한다는 걸 발견할 수도 있다"는 것이다. 이를 위해 교육 솔루션 개발과 네트워킹 인프라 구축에 주력하고 있다.

김 원장은 다양한 연구와 국제회의를 통해 "국제 무역시장은 이미 남성자본으로 편제되어 있다. 온라인 시장마저 남성적 시장구조를 갖게 된다면 여성들은 그만큼 기회를 잃는 것이다. 세계 여성들은 온라인의 새로운 제도와 환경을 형성하기 위해 서로 연대해 연구와 제안을 계속해야 한다"고 강조한다.

지금까지 숙대 아태여성정보통신원 'e비즈니스 트레이닝' 과정을 이수한 해외 여성 기업인은 1,000여 명에 이른다.

김 원장은 e비즈니스에서 기술은 하나의 도구에 불과하며 중요한 것은 트렌드를 읽는 능력이라고 역설한다. 앞으로는 모바일, 유비쿼터스 등의 첨단 교육 프로그램 개발로 세계 IT 교육을 선도해 나갈 것이라고 포부를 밝혔다.

한편 아태여성정보통신원은 산업자원부와 공동으로 2005년부터 5년 동안 'APEC 여성 디지털 경제 참여를 위한 주도적인 사업'을 실시하고 있다. 매년 국내에서는 트레이닝 과정을 열고 해외에서 경제 포럼을 개최한다.

2006년 7월 숙대에서는 'APEC 여성 e-비즈 트레이닝'이 지난해에 이어 두 번째로 개최되었다. 'APEC 여성 e-비즈 트레이닝'은 아태지역 여성 기업가들의 e비즈니스에 대한 이해를 높이고 기회를 확산시켜 경제참여를 유도한다는 목적을 갖고 있다.

또한 2006년 9월에는 'APEC 여성 디지털 경제포럼 2006'이 베트남에서 열렸다. 산업자원부와 숙명여대 아태여성정보통신원이 공동 개최한 포럼에는 APEC 21개 국가에서 150여 명이 참석, 여성이 '혁신과 리더십'을 통해 디지털 경제를 주도하는 '위미노믹스 Womenomics'를 새로운 주제로 제시했다.

캐나다 요크대의 로나 라이트 박사는 "중국보다, 새로운 기술보다 더 중요한 개념이 바로 여성"이라며 "위미노믹스 실현을 위한 정책적·사회적 노력이 이어지지 않는다면 디지털 경제에서 기업은 물론이고 국가도 경쟁력을 상실할 수밖에 없을 것"이라고 말했다.

2006년 원장으로 부임한 김용자 교수는 "UN과 APEC 등 국제기관과 공동으로 행사를 주관하면서 국제사회에서 e비즈 선도국으로서의 대한민국을 알리는 계기가 되었다"며 "그동안 필리핀, 베트남, 중국 등에서 진행한 디지털 경제 포럼, e비즈니스 트레이닝 행사 등을 통해 땀 흘린 연구원과 가족들의 노력이 큰 결실을 거두었다"고 평가한다.

모든 길은 섬김리더십으로 통한다

2002년 10월에 문을 연 리더십센터는 숙명인들에게 신선한 충격을 던져주면서 영향력을 높여 나갔다. 물론 초창기에는 리더십에 대한 막연한 저항도 없지 않았으나 일단 워크숍에 참여한 참가자들은 교육 내용과 방법에 놀라움을 금치 못했다. 그리고 결국에는 모두가 공감하기 시작했다.

외부에서 가장 먼저 리더십 교육을 요청한 곳은 한국은행이었다. 우리나라의 대표적인 엘리트 그룹인 한국은행에서 숙대를 찾아왔다는 것은 리더십에 대한 수요가 잠재되어 있다는 것을 의미했다. 센터의 관계자들은 자신감을 갖게 되었다.

"총장님을 비롯한 교수님과 직원들이 먼저 리더십 교육을 받고 교육 내용을 실천하려고 노력했다. 이 모습은 학생들에게 감동을 주었고 이런 내용들이 외부로 알려지면서 한국은행에서 교육 요청이 왔다. 사실 부담도 되긴 했지만 정말 기뻤다. 특히 한국은행 직원들을 교육하고 나서 리더십센터의 위상이 올라가는 것을 느낄 수 있었다."

그 후 국방대학원, 한림대학교, 강남대학교 등에서도 리더십 교육 요청이 왔다. 2004년 11월에는 교육인적자원부로부터 리더십 특성화 대학으로 지정되어 재정지원도 받았다. 이를 위해 리더십센터를 리더십개발원으로 승격시키고 초대원장으로 구명숙 교수를 임명했다. 전임교수도 다섯 명을 뽑아 '세계최고의 리더십대학'을 비전과 사명으로 내걸고 새롭게 출발했다.

숙명리더십개발원의 위상은 점점 높아져 밀려오는 교육요청을 거절하느라 진땀을 흘릴 정도였다. 서울시, 안양시, 광양시 등 지방자치단체의 공무원들을 위한 리더십 교육도 인기메뉴로 등장했다.

중학교 교사, 고등학교 교사, 논술지도 교사 등을 위한 교육요청도 쇄도했다. 여검사 100명, 해태크라운제과 임원 부인 등에 대한 리더십 교육도 반응이 좋았다. 또한 매년 사법연수원생들에게도 리더십 교육을 하고 있다.

구 원장은 교육 못지 않게 리더십 연구도 중요하다고 생각해서 2005년 5월 「숙명리더십연구」를 창간하고 본격적인 연구에 들어갔다. 창간호에서 '세상을 바꾸는 부드러운 힘'을 주제로 한 논문을 실어 섬김리더십을 학문적으로 조명하는 계기를 마련했다.

구 원장은 "내 일생에서 가장 바쁜 시간이었다. 리더십을 공부할 수 있는 좋은 기회였고 교육을 통해 학생들이 리더로 성장하는 모습을 볼 때면 보람과 기쁨을 느꼈다. 서울대의 리더십 관련 교수가 방문하여 '짝퉁 섬김리더십이라도 우리 학교에 접목하고 싶다'는 말을 했을 때가 가장 기억에 남는다. 이제 '숙대'하면 으레 리더십을 떠올릴 만큼 리더십은 학교의 대표 브랜드가 되었다"며 이를 자랑스러워 했다.

2007년 3월에는 우리나라 최초로 '리더십도서관'을 만든 장영은 교수가 2대 원장으로 취임했다. 장 원장은 "국내 및 세계의 리더십기관과 네트워크를 추진해 리더십의 글로벌화를 적극적으로 추진하겠다"는 의욕을 보였다.

민족과 여성 빼고 모두 바꿔라

"안녕하세요, 박천일 교수님. 총장이에요. 우리 숙대가 하루가 다르게 변하고 있는데, 이런 모습을 외부는 물론 우리 숙명인조차 잘 모르고 있어 안타까워요. 박 교수님은 언론학을 전공하셨으니 학교 홍보를 맡아 일해 주셨으면 합니다."

1997년 박 교수를 홍보실장으로 임명하며 총장은 "민족과 여자만 빼고 모두 바꿔도 좋아요. 우리 숙대의 이미지를 박 실장님이 책임지고 새롭게 만들어 주세요"라는 부탁을 했다.

홍보의 핵심은 그동안의 소극적이고 조용한 현모양처상의 이미지를 극복하는 것이었다. 95년 제2창학선언 이후 변모하는 숙대의 역동적인 모습을 함축적으로 담아낼 수 있는 카피가 필요했다.

광고대행사로 선정된 제일기획에는 숙대 국문과 출신인 신경화 카피라이터가 일하고 있었다. 신 카피라이터는 숙명인답게 숙대의 강점과 한계를 잘 알고 이를 타파할 헤드카피를 뽑아주었다.

'울어라! 암탉아'
'나와라! 여자 대통령'
'없습니까? 19세 교수'
'따로 있다. 여자가 크는 대학'
'세상을 바꾸는 부드러운 힘'

총장을 비롯한 홍보위원 모두가 "바로 이거야!" 무릎을 치며 흔쾌히 동의했다. 그 다음은 광고모델을 누구로 할 것이냐가 문제였다. 논의 끝에 재학생을 모델로 하자는 의견이 모아졌다.

예산이 부족한 관계로 광고매체와 시기의 선정을 신중하게 결정했다. 첫 번째 광고는 "울어라! 암탉아"로 결정하고 수능시험 다음날 조선일보, 동아일보, 중앙일보에 게재했다. 오후가 되자 학교로 전화가 빗발쳤다. 너무너무 좋다거나, 아주 신선하다는 내용의 전화였다.

교내는 물론 언론계에 있는 선배, 동료 교수들, 광고계에 있는 후배들의 전화가 쉴 새 없이 울렸다. 물론 동문들의 반응도 뜨거웠다. 그야말로 대박이 터진 셈이었다. 순식간에 숙대 광고 이야기는 대학가는 물론 광고업계에도 충격을 주었다. 대학광고의 패러다임을 바꾼 숙대의 카피는 계속해서 사람들의 관심을 모았다. 그리고 제일기획 담당자가 학교로 직접 달려와 들려준 희소식은 급기야 숙명인들을 흥분의 도가니로 몰아넣었다.

"숙대 광고가 1998년 대한민국 광고대상에서 신문광고부문 은상을 받게 됐어요. 대기업의 숱한 광고를 물리치고 대학광고로는 처음 있는 일이에요."

얼마 전 홍보실장에 임명된 유종숙 교수는 기존의 전략을 유지하면서 인터넷상에서의 홍보를 강화하고, 사실과 다른 부정적인 이미지가 있을 때는 즉시 조치하겠다고 밝혔다.

캠퍼스에
미래와 문화를 담아라

드림캠퍼스 실현되다

신축건물의 설립 못지않게 중요한 것이 기존 시설이나 건물을 개축하거나 보수하는 일이다. 김영란 사무처장은 "숙명의 건물 하나, 시설물 하나에 저마다의 가슴 저미는 사연이 담겨 있다"고 설명한다. 배수로 공사 역시 남모르는 기막힌 사연을 안고 있다.

이 총장은 가장 오래된 건물인 순헌관 앞 조각상의 좌대가 벌어져 있는 것을 발견하고는 충격을 금치 못했다. "학교가 있어야 교육도 있다"고 생각한 총장은 시간 나는 대로 학교 곳곳을 누비며 관찰했다.

순헌관 건물 벽의 균열이 눈에 띄었고 중앙도서관 지하의 침수현상도 그냥 둘 수 없는 지경이었다. 이과대학에서는 입구 계단에 침하현상이 나타나더니 지하벽면의 일부가 붕괴되기까지 했다. 땅이 내려앉고 있다는 진단을 받았다. 노후한 배수로가 주범이었다.

1938년에 만들어진 배수로는 50년이 넘어 건물의 안전을 심각하게 위협하고 있었지만 땅이 학교 소유가 아니라는 이유로 공사허가가 나지 않았다. 총장은 배수로 공사허가를 받기 위해 관계부처를 찾아다니며 호소했다. 그러나 불법공사를 허가할 수 없다는 공허한 대답만이 메아리로 돌아왔다. 장마철에 심한 비라도 내리면 어떻게 될지 상상만 해도 아찔했다. 무슨 일이 있어도 장마가 시작되기 전에 배수로 공사를 마무리해야만 했다.

용산구청장을 만나서 담판을 했으나 시원한 답을 들을 수 없었다. 이에 총장은 구청장에게 "배수로 공사를 허가하지 않아 발생하는 불상사에 대한 모든 책임은 공사를 허가하지 않은 용산구청에 있다"는 공식 문서를 보냈다. 며칠 후 다급한 목소리로 구청장이 전화를 걸어왔다. 서류상으로는 허가를 내줄 수 없고 구두로 허가할 테니 재빨리 공사를 끝내고 덮어두라는 것이었다.

숙대는 가장 크고 가장 좋은 드럼통과 동 파이프를 묻으면서 100년 숙명의 꿈을 실천하기 위한 인프라도 함께 묻었다. 이왕 땅을 판 김에 첨단전산망과 방송망도 설치했다. 숙명 모바일캠퍼스의 기초는 사실 이때부터 마련된 것이나 다름없다.

제2창학을 선언한 숙대는 첨단시설의 캠퍼스 신축, 교육과 연구시설의 확충에 주력해 그 첫 번째 사업으로 교문을 건립했다. 두 번째는 교수회관 신축이었다.

1995년 3월 당시 숙대의 교수연구실은 대학종합평가가 요구하는 법정기준 면적의 62%에 불과했다. 1997년 대학종합평가가 있을 때까지 부족한 38%를 확충하지 않으면 평가요건을 충족시키지 못하기 때문에 학교로서는 어떻게 해서든 확충해야 했다. 하지만 이 일이야말로 몇 십억의 자금이 필요한 사업이어서 당시 숙대의 재정 상태로는 꿈도 꿀 수 없었다.

교문을 준공하던 날 이 총장은 힐튼호텔 정희자 회장과 저녁식사 약속이 있었다. 그런데 우연찮게도 그날은 대우그룹 회장단의 회식이 있는 날이었다. 이 총장은 자연스럽게 대우그룹 회장단 회식에 참석하게 되었고 얘기를 나누던 중 학교의 교수연구실 사정을 설명하게 되었다. 그룹 회식 자리에서 불청객이나 다름없는 사람이, 그것도 구차한 학교 사정을 말한다는 것은 쉬운 일은 아니다. 총장의 그런 용기는 절대적인 애교심에서 비롯된다. 기도하는 심정으로 담대하게 이야기를 꺼냈고, 대우그룹 김우중 회장으로부터 "여성 인재의 육성을 위해 40억을 후원하겠습니다!"라는 약속을 받아냈다.

이렇게 해서 지하 1층, 지상 8층의 교수회관이 건립되었다. 건물에는 12개국의 동시통역 설비, 사이버시스템을 갖춘 180석 규모의 대회의실, 교육연구지원시설인 교수학습센터, 시청각기자재실, 그리고 방마다 LAN망이 구축된 90실의 교수연구실이 들어서 있다. 또 각층에 휴게실과 소형 세미나실을 구비했고 8층에는 가정경영실습관도 위치하고 있다. 동시에 장애자용 엘리베이터와 화장실 그리고 램프도 설치해 당시로서는 최첨단의 교수회관을 건립했다.

이어서 또 하나의 학교 얼굴이라고 할 수 있는 행정관을 준공했다. 행정관은 총장실을 비롯해 각 행정부처가 운집한 곳이다. 학교를 방문한 내빈들은 필수적으로 총장실을 거쳐야 하니 학교의 관문이나 다름없다. 그래서 행정관은 효율성뿐만 아니라 미적인 아름다움도 고려해 설계에서부터 공을 들였다.

세계화 전략은 숙명의 중요한 발전 전략 중 하나이다. 이를 위해서 외국인 교수와 외국 유학생들의 편리하고 안락한 숙소가 반드시 필요했다. 학교에서는 어려운 재정이지만 국제관 건립을 서둘러 1999년에 두 개 동의 국제관을 준공했다. 이어서 약학대학, 미술대학, 음악대학의 3개 단과대학 건물이 들어섰고, 사회교육관, 르네상스플라자, 100주년 기념관 등이 완공되면서 웅장하면서도 아름다운 캠퍼스 건립이 마무리되었다.

숙명여대 25시

2005년에 24시간 개방하는 도서관 열람실이 문을 열었다. 누구보다도 학생들의 기쁨이 컸다. 그들은 서로 얼싸안고 기뻐하며 환호성을 질렀다. 전에 도서관 1층에 위치한 열람실을 이용하던 학생들은 늘 냉난방이나 위생시설, 좌석의 부족함에 불만이 있던 차였다. 게시판에는 항상 열람실의 문제가 게시되었고 해소되지 않은 그들의 불만은 도서관의 숙제거리였다. 학생들은 24시간 쾌적한 곳에서 안심하고 공부할 수 있는 공간을 간절히 바랐다.

드디어 도서관과 이과대학 사이의 지하 공간 2개 층 1,000여 평에 열람석 1,000개와 국내 최초로 도입된 디지털 개인사물함 1,000개를 만들어 학생들의 기대를 충족시켰다.

이곳에는 7개의 열람실과 그룹 스터디 룸, 휴게실 카페, 보존서고가 있으며 가운데 선큰가든(침상원, Sunken Garden)에는 대나무를 심었고 자연채광이 들도록 디자인했다. 학습공간으로서 최적의 기능을 갖춘 것이다. 또 학생들은 방마다 비치된 소파와 정보검색용 컴퓨터를 통해 인터넷 가상공간에서 잠깐의 여유도 취할 수 있다.

24시간 도서관을 자주 이용하는 국어국문학전공의 한은혜 양은 "공부할 수 있는 책상과 의자가 안락하고 시설이 깨끗해서 저절로 공부가 된다. 또한 출입하는 학생들이 거의 여학생이고 하나뿐인 입구에는 경비아저씨가 철두철미하게 지키고 있어서 안심하고 이용할 수 있다"고 말한다.

한편 도서관 내에 건립된 세계여성문학관은 명품으로 불릴 만큼 명성이 자자하다. 이 문학관은 도서관 특성화 작업의 일환으로 만들어졌다. 문학과 예술은 숙대출신들이 왕성하게 활동하는 분야 중의 하나이다. 특히 문학 분야에는 1948년 개설 이후 60년에 이르는 전통을 쌓아온 국문학과와 영문학과 출신이 곳곳에 포진해 있다. 세계여성문학관은 여성문학의 체계적인 연구와 여성문학 발전에 기여하고자 추진된 특화사업으로 2000년에 개관식을 가졌다. 이윽고 2006년 리노베이션을 거쳐 도서관 1층에 전용공간을 마련했다. 문학강좌가 열리는 전시회 공간에는 세계여성문인 코너와 김남조, 박완서, 한무숙 작가 독립 코너가 있다. 또한 동문문인전, 노벨문학상 수상 여성문인전, 한국문학 여성 100년 전, 박완서, 허영자, 은희경 작가 초청강연회 등의 다양한 행사가 열려 많은 사람들의 관심을 모았다.

대자보를 걷고 얼굴을 마주하다

숙명토론대회는 대학토론문화의 개척자인 동시에 우리 사회에 토론문화를 확산시키는 역할을 해왔다. 2002년 첫 회를 시작한 후 학생들의 적극적인 참여로 토론대회는 날로 인기를 더해갔다. 학교에서는 이를 확장해 봄 학기에는 교내토론대회를 열고 가을학기에는 전국대학생토론대회로 발전시켜 진행하고 있다.

제1회 숙명토론대회 우승자인 엄경임 씨는 토론대회에 참여하게 된 과정을 다음과 같이 설명한다.

"토론대회에 나가고 싶은 마음이 굴뚝 같았으나 자신감이 없어서 망설이고 있었어요. 마침 대학원 시험을 본 친구가 같이 나가 보자고 하더라구요. 엉겁결에 세 명이 팀을 구성하게 됐고 그저 참석하는 데 의의를 두자는 마음으로 출사표를 던졌지요."

첫 관문의 주제는 '미모도 경쟁력이다' 였다. 예상외로 많은 팀이 참여해 걱정했지만, 무사히 서류심사를 통과해 16강에 들었다. 매주 토너먼트 방식으로 치러진 토론대회는 새 주제가 나올 때마다 제비뽑기로 찬성팀과 반대팀을 결정했고, 그 결과에 따라 한 주 동안 준비해 대결을 펼쳤다. 발언시간 준수와 발언태도, 전 팀원의 참여 여부 등의 원칙을 얼마나 잘 지키느냐에 따라 점수가 매겨졌다.

팀원들이 어떻게 준비할지에 대해 갑론을박을 펼치다가 "상대방의 입장을 정리해 보자"는 역지사지의 자세가 먼저라는 결론을 내렸다. 즉 상대팀의 입장에 서서 왜 아름다움이 경쟁력이 되지 말아야 하는

지에서부터 시작하기로 했다.

토론 자료와 근거를 철저히 준비하는 것은 당연했다. 날마다 모여 밤늦도록 찾은 자료를 바탕으로 모의 토의를 진행했고, 상대방이 말할 수 있는 여러 근거를 적고 그에 대한 답변을 정리했다. 또 반드시 나올 것 같은 주장과 그렇지 않은 것을 세 명이 고루 나누어 맡아 조사했다. 팀이 주장할 내용 역시 셋이 고르게 나누었다. 상황에 따라 순발력 있게 대응할 말은 각자가 생각나는 대로 이야기하기로 했다.

토론 예선 첫날의 승리 비결을 엄경임 씨는 이렇게 설명한다.

"상대팀이 저희가 예상한 주장을 할 때면 상대방을 쳐다보며 살짝 미소를 짓는 여유를 보였죠. 그랬더니 상대방이 당황하기 시작하더군요. 결국 저희 팀은 첫 번째 승리를 거두었습니다."

두 번째 주제는 '여성할당제, 확대되어야 한다'였다. 이번에는 반대 입장에 서게 되어 순간 당황하기도 했다. 평소에 여성할당제에 찬성하는 입장이었는데 토론에서 반대 입장의 논리를 대변해야 했기 때문이다. 논의 끝에 "여성할당제를 지금 상태로 유지하되 승진 평가제를 도입하자"는 의견을 제시했다. 여성문제의 현실을 제대로 이해하면서 실현 가능한 대안을 제시한 덕에 8강에 진출할 수 있었다. 이어 '콘텐츠 유료화, 시기상조다'에서도 설득력 있는 주장을 전개해 비교적 수월하게 4강에 올랐다.

마침내 결승전에 오른 엄 씨의 팀은 '사이버 공간, 여성평등의 장이다' 주제에서 찬성의 입장에 서게 되었다. 먼저 결승전이 벌어지는 강당의 구조와 분위기를 파악하는 것부터 시작했다. 강당이 크다는 점을 감안해 글자 크기, 도표 사이즈 등에 주의를 기울였다. 또 시각적인 효과를 위해 남성과 여성을 나타낼 때 남성은 붉은색으로 여성은 파란색으로 표시했다. 다행히 심사위원들은 이런 섬세한 부분을 높게 평가해 점수에 반영시켰다.

"토론대회 우승이라는 사건은 제게 큰 전환점이 되었어요. 세상에 대한 자신감이 생겼고 제 꿈에도 긍정적인 영향을 주었죠. 학교신문이나 몇몇 작은 단체에서 인터뷰 요청이 있었고, 여성신문에서 통신원으로 활동하면 어떻겠냐는 제의도 받았습니다. 우승 부상으로 받은 중국 해외연수 역시 큰 변화를 주었어요.

제가 사회로 나온지 3년, 이제 저는 일곱 살이 되었다고 생각합니다. 숙대에 입학해 새로운 세상을 알게 된 그 해가 바로 제가 새로 태어난 해거든요. 그렇기 때문에 앞으로 제게 남은 오십여 년의 세월은 희망으로 가득 차 있어요. 이 모든 게 바로 숙명토론대회에서 우승한 덕분입니다."

숙대서비스에는 유통기한이 없다

'이태백과 대4병.' 이는 오늘날 한국 대학생의 고민을 대변하는 말이다. 이태백은 이십대 태반이 백수라는 뜻이니 청년실업이 얼마나 심각한지를 알 수 있는 말이고, 대4병은 대학 4학년생이 겪는 병으로 고3병보다 더 무섭다는 뜻이다.

대학 졸업장은 곧 실업증명서가 되고 마는 게 우리 실정이다. 이러니 제때에 대학문을 나서기가 겁이나 5년, 6년씩 대학을 다니는 학생 수가 적지 않다. 오죽하면 '영혼을 팔아서라도 취직을 하고 싶다' 는 말이 나오겠는가.

숙대 취업경력개발원은 이러한 취업에 대한 불안과 초조를 덜어주고 보다 적극적으로 본인이 원하는 직장을 찾아주기 위해 설립되었다. 숙대는 2005년 2월 취업경력센터를 취업경력개발원으로 승격시키는 등 취업 문제에 전문적이고 체계적으로 대응하기 시작했다.

사실 취업 담당부서는 대부분의 대학에서 학생처의 한 부서로 존재한다. 그런데 숙대에서는 학생처에서 분리해 독립적으로 운영할 뿐만 아니라 관련 교직원들을 교무위원급으로 대우하고 있다. 그만큼 학생들의 졸업 후 진로에 관심이 많은 것이다.

취업경력개발원은 학생들의 취업과 경력개발을 위한 거의 완벽한 시스템과 충분한 인력을 갖추고 있다. 아마 세계 어느 대학을 가더라도 이 같은 경쟁력을 가진 곳은 없을 것이다.

취업경력개발원의 사명과 목표는 '평생을 책임지는 교육시스템을 구축하는 것' 이다. 이를 위해 학년별·전공별로 맞춤형 원스톱 서비스가 철저하게 구축되어 있다. 숙대생이라면 1학년~4학년 때 무엇을 준비하고 어떻게 진행해야 할지에 대한 정보와 조언을 얻을 수 있다. 취업경력개발원이 개발한 4단계 프로그램은 그대로 따라가기만 하면 취업에 성공할 수 있도록 설계되어 있다.

4단계 중 제1단계는 '자기탐색' 단계로 각종 심리검사와 취업경력개발원 맞춤 상담을 통해 자신을 분석하고 자신에게 맞는 직종을 탐색하는 단계다. 또 진로캠프를 통해 스스로 직업목표를 찾고 미래에 대한 장기계획과 비전을 세우는 단계이기도 하다.

진로캠프에 참여했던 1학년 김다현 양은 "애니어그램을 통해 내 성격을 파악하고 거기에 맞는 진로설계도 해볼 수 있었다. 내가 현재 처해 있는 환경과 10년 후의 꿈을 도식화 하는 체험학습은 감동 그 자체였다"고 소감을 표현했다.

제 2단계인 '자기설계' 단계는 자신이 희망하는 진로에 대한 청사진을 전문 진로상담위원과 그려보면서 자신에게 맞는 진로를 구체적으로 설정하는 단계다. 2학년 시기는 전공 선택에 대한 불안감을 느끼게 되고 선배도 후배도 아닌 모호함 속에서 방황하는 등, 심리적인 어려움을 겪는 때이기도 하다. 취업경력개발원에서 준비한 진로계획서와 경력관리카드는 이때 유용하게 쓰인다.

2학년 때 상담에 참여한 장소은 양은 "심층 상담을 받으면서 장애요인을 발견하고 그것을 하나씩 해결해가는 방법을 함께 논의하면서 취업에 대한 자신감이 생겼다"고 말한다.

제 3단계인 '자기역량쌓기' 단계는 진로계획서에 맞춰 차근차근 경력을 쌓으며 진로 선택을 구체화하는 단계로, 취업을 넘어서 사회에 필요한 리더로 성장할 수 있는 토대를 마련하는 단계이다. 숙명 멘토 프로그램과 기초직업능력 함양교육, 웅진코웨이 서비스강사 양성과정, 직무스킬 함양교육, 글로벌 잡 스쿨, 국내외 인턴십 프로그램 등이 준비되어 있다.

한국능률협회와 숙대가 공동주관한 '직무스킬 함양 교육'을 수료하고 국민은행에 입사한 이민경 씨는 "직무에 대한 막연한 이론이 아닌 직접 참여하는 토론 및 실습중심의 수업방식이 너무 좋았다. 게다가 실제 기업 현장에서 바로 적용할 수 있는 직무기술을 익힐 수 있어서 더 유익한 시간이었다"라고 설명한다.

마지막 '구직활동' 단계는 지금까지 쌓아온 역량을 토대로 실질적인 구직활동을 하고 체계적인 경력관리를 통해 사회진입을 준비하는 단계다. 취업경력개발원에서는 서류작성부터 면접에 이르기까지 취업에 필요한 일련의 과정을 컨설팅하는 것은 물론, 취업캠프와 취업동아리, 취업박람회, 모의입사경진대회, 취업 선배와의 간담회 등 취업 현장에 대한 감각을 연마할 수 있는 프로그램도 진행하고 있다.

금융업 진출을 위해 취업동아리에서 활동한 이아람 씨는 희망하던 SK증권에 입사했다. "단순히 진출하고자 하는 분야에 대한 지식을 얻는 것뿐 아니라 다른 업계의 현황에 대해서도 깊이 알 수 있었다. 이러한 경험은 나에게 긍정적인 자극을 줄 뿐만 아니라 기업에 대한 다양한 정보를 얻을 수 있기 때문에 구직활동에 실질적인 도움을 준다"고 활동 소감을 밝혔다.

숙대는 양질의 서비스를 제공하기 위해 운영자의 자질을 엄격히 관리한다. 인사조직을 전공한 교수가 원장으로 임명되며 정규직원은 7명에 달한다. 정규직원 이외에 조교 1명, 행정인턴 10명이 업무를 보조하고, 학생봉사단원 40명이 자발적으로 도우미로 지원해 취업 관련 업무를 돕고 있다. 여기에다 멘토 프로그램에 참여하는 기업체 경영자와 교수 100여 명까지 더하면 엄청난 인력이 업무를 지원하고 있는 셈이다. 취업경력개발원의 위치도 교문을 들어서자마자 오른쪽에 있는 학생회관의 가장 좋은 위치에 자리 잡고 있다. 누구든지 언제든지 취업에 관심이 있으면 찾아오라는 뜻에서 학생들의 근접성이 가장 높은 곳을 선택한 것이다.

이런 시스템과 인력을 갖춘 취업경력개발원의 프로그램과 운영사례는 매스컴의 주목을 받거나 여러 대학의 벤치마킹 대상이 될 정도로 정평이 나 있다.

취업경력개발원은 대내외적으로 인정받아 2006년과 2007년, 2년 연속 노동부 대학취업지원기능 확충사업에 선정되었을 뿐 아니라 중소기업청의 대학창업강좌 지원 사업에도 선정되었다. 이렇게 학교에서 받은 본예산 이외에 약 2억 원의 외부지원금을 유치하여 필요 예산을 확충함으로써 보다 수준 높은 프로그램을 운영하게 되었다.

정혜련 팀장은 "취업경력개발원이 양적으로나 질적으로 매년 성장하는 것을 느낀다. 학생들의 취업도 괄목할 만한 결과를 보이고 있다. 취업경력개발원을 부지런히 드나들면서 미리 준비하는 학생들은 대부분 취업에 성공한다"고 말한다.

멘토를 만나 인생의 길을 묻다

취업경력개발원의 프로그램 중에서도 멘토 프로그램은 숙명이 자랑하는 대표브랜드다. 자문위원 멘토는 각계각층에서 내로라하는 평가를 받는 사람들이 맡는다. 이들 멘토는 뛰어난 역량과 다양한 경험, 교육과 봉사의 가치를 중요시하는 CEO, 전문가, 성공한 동문들로서 멘티들의 사회진출을 위한 교육뿐만 아니라 여성리더 육성이라는 숙명 비전을 실현하는 역할을 담당한다.

강정애 원장은 "멘토들은 각 분야의 최고 전문가로서 둘째가라면 서러울 정도로 바쁘신 분들이다. 이런 분들이 귀한 시간을 내어 멘티들을 가르치고 지도하는 것을 보면 존경과 감사가 저절로 생겨난다. 멘토 프로그램이야말로 숙명을 대표하는 프로그램이라고 생각한다"고 말한다.

삼성전자 이현봉 사장, CJ 이미경 부회장, 동원그룹 박인구 부회장, KT 남중수 사장, SK텔레콤 김신배 사장, LG생활건강 차석용 사장, 보광 홍석규 회장, 놀부 김순진 회장, 현대 H&S 홍성원 사장, 방송인 이금희 씨, 아트센터 나비 노소영 관장 등 현재 60여 명의 자문위원 멘토가 있다.

멘토는 주로 숙대 교수나 멘토들의 추천을 받아 임명된다. 처음 멘토로 초빙되면 많은 고민 후에 어렵게 받아들인다. 그러나 일단 한 학기 멘토로 활동하면 보람을 느끼게 되고 자부심을 가지게 된다.

멘티는 대개 8~10명 정도로 구성되고 지원자 중에서 선발한다. 대개 한 달에 한 번 또는 두 번 만나 관심사를 나누며 고민거리를 털어놓는다. 멘티들은 멘토 프로그램의 경험이 취업에 많은 도움이 된다고 말한다.

현재 10기째 멘토 프로그램을 진행하고 있는 남영 L&F의 김진형 사장은 "처음에는 부담을 느꼈으나 학생들을 통해 젊은이들의 사고와 고민을 이해하게 되었고 이들의 일생에 중요한 역할을 할 수 있다고 생각하니 보람과 책임감도 느끼게 됐다. 또 멘티들과 대화하면서 직원들을 더 사랑하는 마음을 갖게 되었다. 지금은 지인들에게 자신 있게 멘토가 되라고 조언한다"고 말한다. 최근에는 멘토 프로그램에 참여한 CEO들의 경험을 담은 『CEO 멘토에게 듣는다』는 책이 출간되어 또한 화제가 되고 있다.

또 하나의 멘토 프로그램은 교수들의 직접적인 지도다. 학과의 영역이 무너지고 학부제가 도입되면서 사제지간이 과거와 같지 않다. 멘토 프로그램은 소수로 진행되기 때문에 교수와 학생의 관계를 밀착시킬 뿐만 아니라 깊이 있는 얘기를 나눌 수 있도록 한다. 교수들이 대규모 정규수업에서 할 수 없었던 교육과 가르침을 멘토 프로그램에서는 할 수 있어서 더욱 인기를 끌고 있다. 현재 50여 명의 교수가 멘토 프로그램에 참여하고 있다.

경제학부의 홍찬식 교수는 "〈영문 이코노미스트지와 함께 하는 시사경제〉라는 멘토 프로그램을 운영하면서 학생들이 해당 주제뿐만 아니라 여러 가지 사회문제에 대해서도 얘기하고 싶어하며 자신들의 진로에 대해서도 조언을 듣고 싶은 욕구가 강하다는 것을 알게 되었다. 학생들에게 인생을 살아가는 데 전공과 영어 실력 못지않게 체력이 중요하다고 강조했더니 교내 마라톤 대회에 출전하여 단체 3위를 하기도 했다. 학생들이 성장하는 모습을 보면 멘토의 보람을 느낀다"

고 고백한다.

  그러면 멘토 프로그램의 혜택을 받는 멘티의 숫자는 어느 정도일까. 외부의 자문위원 멘토 프로그램은 매년 300명 정도가 참여하고 교수 멘토 프로그램에는 1,000명 정도가 참여하고 있으니 연간 1,300명의 학생들이 멘토 프로그램의 혜택을 받고 있는 셈이다. 숙대 학부의 총 재학생수가 1만 명임을 감안할 때, 매년 약 13%의 학생들이 멘토의 혜택을 입고 있으니 이 프로그램이 얼마나 활성화되어 있는지 짐작할 수 있다. 이 같은 프로그램에 힘입어 숙대의 취업률은 상위권에 머물 러 있다. 숙대의 인재양성의 견인차 역할을 충실히 하고 있는 것이다.

  멘토 프로그램을 통해 인생관과 가치관이 변했다고 고백하는 사례들도 많다.

  2006년도에 일본학과를 졸업한 김란일 씨는 일본 채용대행회사인 디스코에 취업했다. 취업성공비결을 묻자 "학교에서 운영하는 멘토 프로그램에 지원해 삼성전자 인사담당자의 멘티가 되면서 인생이 달라졌습니다. 단순히 취업 멘토가 아닌 제 삶의 멘토를 만난 것입니다" 라고 대답한다. 김 씨는 직업과 경력개발 과목을 수강한 삼성전자 안 승준 전무의 멘티가 되어 자신의 꿈을 구체적으로 실현할 수 있었다. 그는 안 전무의 주선으로 일본 디스코 본사에서 1년 동안 인턴으로 일했고 이 인연으로 정식 직원으로 취업이 되었다. 이를 본 다른 학생 들도 해외 인턴십에 자신감을 갖고 도전하게 되었다.

교수면접을 통과한 50명만 수강가능

교수의 면접을 통과해야 하고 수업시간에는 이름표를 달아야 하는 강의가 있다. 숙명여대 겸임교수인 안승준 삼성전자 전무의 수업이 바로 그렇다.

안 교수는 문과대학 교양과목인 '직업과 경력개발'에서 수강신청 후 면접을 통과한 50명의 학생만이 강의를 들을 수 있도록 했다. 소수 정예의 특별한 네트워크를 형성하겠다는 목적에서다. 2002년에 처음 개설했을 때는 수강생이 20여 명에 불과했지만 교수강의 평가에서 1위를 차지한 사실 등이 입소문을 타면서 다음 학기 수강신청에는 90여 명의 학생이 몰렸다.

안 교수가 수업시간에 이름표를 착용하도록 하는 이유는 브랜드 가치를 높이는 방법을 가르치기 위해서다. 수업은 안 교수의 이론 강의 외에도 각 분야 전문가들이 실무 특강을 하고 있어 학생들의 호응이 뜨겁다. "학생들이 학교와 사회의 중간접점에서 사회에 먼저 진출한 각계각층의 다양한 인사들을 만남으로써 자신의 지평을 확대해 나갔으면 한다"고 안 교수는 수업취지를 말한다.

안 교수가 숙대와 인연을 맺게 된 사연은 이렇다. 기업체에서 인재개발 분야 최고전문가로 통하는 그는 대학과 대학의 관계자들에게 아쉬움이 있었다. 성실성 외에도 창의성, 도전성, 혁신성을 요구하는 시대 흐름을 대학은 따라가지 못했다. 안 교수는 기업과 대학은 '인재양성'이라는 주제에서 같은 목소리를 내야 한다는 생각을 하고 있던 차였다. 그때 지인의 소개로 이 총장을 만나게 되었고 숙대와도 인연을 맺게 되었다.

지금이야 많은 기업체 임원들이 대학의 강단에 서고 산업체에서 쌓은 노하우를 학생들에게 전해주는 게 이상할 것도 없지만, 안 교수가 학교와 인연을 맺었던 2002년만 하더라도 기업체 인사담당 임원이 대학의 겸임교수가 된다는 것은 낯선 일이었다. 더군다나 세계적인 기업의 핵심 임원으로서 대학 강단에 선다는 것은 개인적 영광이기에 앞서 큰 부담이기도 했다.

그의 수업에는 특별한 몇 가지가 있다. 수강생 모두를 기수별로 엮어 'The Ones'라는 인적 네트워크를 만든 것, 수업시간에는 이름표를 달게 한 것, 학생들의 진로 희망에 따라 팀을 나누고 한 학기 동안 팀원과 함께 과제를 수행하게 한 것, 수업 전에는 팀 별로 식사를 같이 하면서 관심사와 필요에 대해 지도를 하고, 수업 후에는 팀 간 모임을 통해 다른 팀원에 대해 알아가는 시간을 마련한 것 등이다.

한 학기 16주, 48시간 동안 사람을 알아야 얼마나 알겠어 하는 의아함으로 시작한 인적 네트워크는 벌써 The Ones 13기를 선발하기에 이르렀다. 수강지원이 폭주하면서 이제 선배들이 깐깐한 면접을 통해 수강생을 선발한다.

The Ones는 끈끈한 네트워크를 기반으로 졸업생과 재학생, 재학생 선후배간의 관계를 돈독하게 하고 있다. 매 학기 기말고사가 끝난 다음 주에는 선배와 후배가 모두 참여하는 '홈 커밍 데이' 행사도 진행한다. 강의가 얼마나 인기가 있는지는 홈페이지에 올라오는 글들을 보면 알 수 있다.

"수업이 정말 인상적이었습니다. 그동안 접하지 못했던 얘기를 들을 수 있어서 너무 좋았고 집에 가는 길에 많은 생각을 하게 되었습니다. 변화에 퇴보할 것인가 아니면 능동적으로 대처하여 승자가 될 것인가. 교수님의 수업을 듣고 잘 따라간다면 '퇴보'라는 말은 없을 것 같습니다."

"저는 현재 LG전자에서 2년차 연구원으로 근무하고 있습니다. 오늘 홈 커밍 데이는 정말 뜻깊었습니다. 제가 더원스의 일원이라는 것만으로도 탁월한 선택을 했다는 자부심과 뿌듯함으로 마음이 꽉 차더군요. 저도 친구들, 후배들, 선배님들한테 힘이 되는 든든한 사람이고 싶습니다."

안 교수의 제자들은 이미 500명을 넘어섰다. 숙대의 성장 과정을 옆에서 지켜본 그는 숙대에 거는 기대가 누구보다도 크다.

"제자들이 벌써부터 세계를 무대로 뛰고 있는 모습이 현실로 나타나고 있어서 기쁨과 보람을 느낀다. 리더십개발원과 취업경력개발원 등 인재 양성의 시스템을 구축한 숙대가 세계적인 명문대학으로 발돋움할 것을 믿는다."

문화예술의 랜드마크, 숙명여대

관광 명소로 떠오른 유비쿼터스 도서관

한 국가의 수준은 그 나라의 도서관 수준을 보면 알 수 있듯, 대학의 수준 역시 그 대학 도서관의 수준에 비례한다.

숙대는 도서관의 중요성을 인식하고 2004년부터 최고의 도서관을 목표로 증축과 리노베이션을 지속해왔다. 지금의 숙대 도서관은 전국에서 몰려오는 견학인파로 관광코스가 되다시피 했지만, 불과 7~8년 전만 해도 도서관의 수준은 열악했다.

도서관장을 지낸 이희재 교수는 당시의 도서관 실상을 이렇게 설명한다. "겨울이면 냄새가 났고 그을음이 나는 난로를 사용해 공기도 쾌쾌했다. 푹푹 찌는 삼복더위에 자료실에는 에어컨도 없었고 종종 천장에서는 물이 터졌다. 장마철에 비라도 심하게 올라치면 지하실이 물에 잠길까봐 잠을 이루지 못했다. 80만 권의 장서를 수용하고자 증축을 타진하기도 했지만 예산부족이라는 이유로 증축계획은 번번이 물거품이 되고 말았다."

도서관 혁신의 첫걸음은 1999년 팀제를 도입하는 데서 출발한다. 수요자 중심의 도서관을 표방하며 원스톱 서비스One-Stop Service 체제를 구축했다. 도서관 이용자를 고객으로 인식하고 고객만족을 목표로 서비스의 획기적인 개선을 위해 도서관 직원 모두가 나섰다.

이어서 2004년에 도서관의 증축과 리노베이션이 시작됐다. 이 총장은 "도서관은 대학의 심장이다. 세계 최상의 명문여대에 손색이 없도록 최고의 시설을 갖춰 학생과 교수들이 학업과 연구에 전념할 수 있도록 하자"며 도서관 내부 시설의 확충과 개선에 예산의 우선순위를 두고 투자를 아끼지 않았다.

3년에 걸친 리노베이션은 도서관 시설을 최상의 수준으로 끌어올렸다. 이춘실 관장은 공사기간 중 아침 일찍 나와 밤늦게까지 현장에 머무르며 역사적인 리노베이션을 위해 혼신의 노력을 기울였다.

"리노베이션 기간 중 도서관 직원들은 궂은 일도 마다하지 않았다. 도서관이 생긴 이래 처음으로 약 80만 권의 장서들이 묵은 먼지를 벗었다. 책상 하나하나를 세제로 직접 닦고 가구의 하자를 일일이 체크했다. 도서관 열람실 유리창의 코팅을 벗기며 크리스마스이브를 보내기도 했다. 그 결과 리노베이션은 성공을 거두었고 국내 최고의 도서관이라는 찬사를 듣게 되었다."

1층에서 6층까지의 전 층에는 구두소리를 잠재워 줄 카페트를 깔았고, 입구 홀은 전면을 유리로 장식해 밖의 풍경이 환상적으로 비춰지도록 했다. 주요 벽면에 사용된 글자나 단어를 선택할 때도 한글은 동국정운에서, 한문은 추사체에서, 영문은 웹스터사전을 참조하는 등 세심한 주의를 기울였다.

2006년 서울에서 열렸던 IFLA(세계도서관 대회)에서 숙대 도서관을 방문한 일본 도호쿠 복지대학 도서관 사서는 일본의 「도서관잡지圖書館雜誌」에서 숙대 도서관을 이렇게 설명했다.

"숙대 도서관의 그 섬세한 마음 씀씀이는 놀랍다는 말밖에는 표현할 길이 없다. 기분 좋음, 상쾌함의 콘셉트는 6층 건물전체에 일관되게 흐른다. 공간사용의 호화로움 또한 놀랍다. 바깥 풍경을 가리지 않기 위해 서가가 시선보다 아래 높이로 통일되어 있다. 양측 창문에는 서울의 집들이 늘어선 모습과 남산이 보인다. 이런 아름다운 풍경이 인간의 감성을 자극하는 보이지 않는 힘이 될 것이다. 인간의 기본으로 돌아가는 것은 도서관 건축에서 가장 중요한 것이다. 숙대 도서관은 이 원칙이 잘 실현된 곳이다. 함께 동행한 분에게 '한국에는 도서관 건축상이 없습니까?'라고 물었다. 있다면 바로 숙대 도서관이 그 대상이 될 것이다. 참으로 부러운 도서관이었다."

그러나 더 큰 자랑은 숙대 도서관이 감성과 최신과학을 융합한 유비쿼터스 도서관이란 찬사를 듣고 있다는 사실이다. 모든 도서관 책상에 컴퓨터 또는 노트북을 사용할 수 있는 시설을 갖추었고 무선 네트워크, 프린트 등을 설치해 전자정보 자원을 보다 편리하게 이용할 수 있도록 한 것이다.

모바일 학생증으로 도서관 출입, 도서대출, 열람실 자리배정을 할 수 있고, 모바일 맞춤통보 서비스를 시행해 도서연체 및 예약, 각종 공지 및 정보를 문자 메시지로 전송할 수 있다.

숙대 도서관의 변신 소식을 들은 전국 도서관 관계자들은 물론 도서관과 관계가 없는 사람들도 숙대를 찾아와 필수 코스로 도서관을 둘러보고 갈 정도로 명성이 자자하다.

기부문화를 선도하는 숙명박물관

우리나라에는 90여 개의 대학박물관이 있다. 이 중 일부 대학만이 뛰어난 역사적인 문화재를 보유하고 있을 뿐, 그 외 대학들은 소장품들의 종류가 거의 비슷하다.

1971년에 개관한 숙명박물관은 숙대만의 차별화된 박물관을 만들기 위해 고심하게 되었는데, 여성생활사와 관련된 자료들을 수집하다가 한국의 전통적인 자수 연구와 수집에 관심을 갖게 되었다.

자수가 조선 여인들의 정신성의 발현처였다는 점과 숙명여대의 전신인 숙전에서 자수 작품으로 졸업 성적을 평가했다는 사실에 착안점을 둔 것이었다. 그 후 자수를 특성화한 지 10년 만에 정영양 박사의 기증으로 세계적인 자수박물관이 태어났다.

숙명박물관은 10여 년간 신축박물관 건립기금을 비롯해 100억 원이 넘는 기증을 받아 기부문화를 선도하는 대학박물관이라는 평가를 받고 있다. 기부는 1995년부터 본격적으로 시작됐다. 1996년에 열린 〈숙명 90년의 발자취〉라는 전시회는 준비하는 데만 꼬박 1년이 걸렸다. 한국전쟁으로 전시를 해야 할 교사 자료가 없었기 때문이다. 서울과 부산에 있는 정부기록보전소에서 창학 당시의 자료들을 수집했고 숙전과 숙명여대의 교사 자료는 역대 총장과 이사장, 동문회장, 각 입학년도별 대표 동문들이 수집했다. 이들은 전국을 돌아다니다시피 하며 관계자 200여 명을 직접 만나 자료를 모아나갔다.

신축박물관 또한 교사 자료 수집을 통해 만난 동문의 기부금으로 건립됐다. 박물관은 1971년도 개관 이래 10여 차례 이전했고 신축하기 전에는 도서관 건물의 일부를 사용하고 있었다. 독립 건물을 갖는 것이 박물관 직원들의 꿈이었다.

김태자 부관장은 사무처에 박물관 공간을 갖고 싶다고 간절하게 요청했다.

"처장님, 박물관 좀 지어주세요."

"20억 원만 모금하시면 가능합니다."

김 부관장에게는 너무나 큰 금액이었다. 그러던 어느 날 한 선배로부터 재력있는 숙대 선배를 소개받았는데, 그 분이 바로 김경애 동문이다. 김 동문은 명문가였던 시댁에서 특별히 제작해서 준 나전으로 만든 사주함을 기증했는데, 그것이 전시된 것을 보기 위해 학교를 방문했고 박물관의 사정 얘기를 듣게 되었다.

"얼마 정도 필요하다고?"

"20억이요."

"20억?"

"네, 선배님."

김 동문은 며칠 후 박물관 건축비로 써달라며 시가 20억 원짜리 토지문서를 보내왔다. 박물관뿐만 아니라 그 안을 채우고 있는 소장품의 대부분도 '숙명사랑 기증전'과 같은 기증전시회를 통해 6회에 걸쳐 기증받은 작품들이다.

첫 번째 기증품은 숙전 초대 교수를 지낸 전명자 교수의 자수 작품이다. 학교를 둘러보고 총장을 만난 전 교수는 돌아가서 가족회의를 열었다. 왜냐하면 이미 자식들에게 자신의 작품들을 전부 나누어준 상태였기 때문에 숙대에 기증하기 위해서는 자녀들의 동의가 필요했다. 자녀들은 어머니의 뜻을 받들어 각자 가지고 있던 작품들을 박물관으로 보내주었다. 이 중 일본 여자미술대학의 졸업 작품이었던 120종 자수본은 현재 희귀본으로 감정가도 엄청나다.

화신백화점의 창업주인 박홍식 회장의 딸 박병숙 동문 또한 숙명박물관의 기증자이다. 근대의 최고 재벌이었던 박 동문의 부친, 박홍식 회장은 숙전 설립시 건립기금을 낸 분 중 한 명으로, 그 역시 박 회장이 생전에 사용하던 유물들을 가까운 친척까지 설득해 기증해 주었다.

또 하나 특기할 유물은 영친왕이 어린 시절 입었던 황태자 복식 9점이다. 이 유물은 숙대 교수로서 환경부 장관을 지낸 김명자 교수가 기증했다. 김 교수의 어머니인 김기정 동문은 숙전 1회 출신으로 영친왕비인 이방자 여사와 가까이 지낸 인연으로 이방자 여사로부터 받은 유물을 큰딸인 김 교수에게 주었는데, 김 교수가 이 유물을 기꺼이 기증한 것이다.

신축박물관이 거의 완성될 무렵 전시기획상 서화 코너에 전시할 유물이 필요했다. 일단 무조건 고서화 전문 갤러리로 알려진 인사동의 '공 갤러리'를 찾아갔다. 전후사정을 들은 공창호 회장은 얼마 뒤 학교를 둘러보고 총장을 만났다. 그리고 며칠 뒤 "제 소장품을 갤러리에 전시했으니 한번 방문해 달라"고 요청했다. 박물관 식구들과 함께 단숨에 달려갔다. 그런데 전시장 아래위 층에 전시된 작품들을 둘러보게 하더니 "마음에 드는 걸로 골라가세요"라고 하지 않는가.

총장과 처장들이 달려와 함께 전시장을 둘러보았다. 이 총장은 공 회장에게 "저희들이 고르기가 어려우니 회장님께서 직접 골라주시는 게 어떨까요"라고 정중히 부탁했다. 공 회장은 시가 2억 3,000만 원을 호가하는 작품 20점을 직접 골라주었다.

신축박물관의 1층과 2층을 잇는 창문 외벽이 황량한 느낌이 들어 조치가 필요했다. 마침 부산의 한 성당에 스테인드글라스가 유명하다는 말을 듣고 작품을 만든 조광호 신부를 찾아갔다. 조 신부는 예술 감각이 뛰어나 천재라는 평을 받고 있었다. 조 신부 역시 숙대의 비전과 박물관 이야기를 듣고는 흔쾌히 도와주겠다고 했다.

박물관과 학교를 둘러보고 며칠 지나지 않아, 그야말로 감동 그 자체인 스테인드글라스 작품이 도착했다. 〈꽃과 바람과 빛으로〉라는 제목의 작품은 세계로 뻗어가는 숙명의 역동적인 힘을 표현하고 있어 박물관을 찾는 사람들에게 깊은 인상을 주었다.

스테인드글라스 작품과 함께 박물관 로비의 품격을 높여 주는 대형의 〈금강산도〉는 박대성 화백의 작품으로 6년여에 걸친 박물관직원의 끈질긴 요청에 감동해서 기증했다고 한다.

이외에도 조대비의 후손인 조성자 동문은 집안 대대로 내려오던 정조대왕 어필 등의 가보를 기증했고, 원효경 동문 역시 자손들에게 물려주려고 했던 고종황제가 하사한 빗접 등을 기증했다.

또 숙명과는 전혀 관련 없는 진의종 전 총리 부인이면서 신사임당 상을 수상한 이 학 여사가 후학들을 위해 10억 원이 넘는 자신의 작품들과 유물들을 기증했다. 우리나라 근대 최고의 피아니스트인 한인화 교수는 1억 원 상당의 유물들과 박물관 육성비로 현금 1억 원을 쾌척했다. 타박물관이 부러워하는 유물보존 처리실은 이 기부금으로 만들어졌다.

"뉴욕에 있는 제 동생 집 근처에 자수작품을 아주 많이 갖고 있는 한국 분이 계시다고 들었어요."

교육학부의 강정구 교수가 미국에 다녀와서 김태자 박물관 부관장에게 가져다 준 특급정보였다. 김 부관장은 일단 부딪혀 보자는 심정으로 미국행 비행기에 무작정 몸을 실었다.

매년 두 번씩 뉴욕에서는 세계 고미술전시회가 열리는데 정영양 박사는 전시회 복식부문의 심사위원을 맡고 있었다. 찾아간 날은 정 박사가 특강을 하는 날이었다. 특강이 끝난 뒤 한국에서 찾아왔다고 인사를 하자 정 박사는 친절하게 자신의 아파트로 초대했다. 아파트에 들어선 순간, 김 부관장은 많은 양의 책을 보고 깜짝 놀랐다.

또 정영양 박사가 1976년에 「동양자수의 근원과 역사적 발달」이라는 논문으로 뉴욕대학에서 박사학위를 받고, 1979년에는 기능으로만 인식되고 있는 자수를 학문적으로 체계화한 『동양자수의 역사와 미』라는 책을 발간한 주인공이란 사실에 더더욱 놀랐다.

게다가 단순히 공예 정도로 생각하는 자수를 학문으로 세우기 위해, 직접 배낭을 메고 세계 각국의 현장을 누비면서 자수품을 수집하고 연구했다는 얘기를 듣는 순간 저절로 고개가 숙여졌다.

정 박사가 보여준 800여 점의 세계적인 자수품들은 탐이 날 정도였다. 그러나 처음 만난 자리에서 이 작품들을 숙대에 기증해 달라고 할 수는 없었다.

김 부관장은 "이 귀한 유물들을 보지 못해 연구를 할 수 없는 많은 후학들이 있는데, 온도와 습도도 제대로 갖추어지지 않은 아파트에서 이 유물들의 생명을 단축시키며 혼자서 이것들을 보고 즐기시는 선생님은 죄인이십니다"라는 엉뚱한 말만 남기고 돌아왔다.

그런 일이 있은 뒤 미국에 갈 기회가 있었던 이 총장은 정 박사를 만나고 돌아와서는 "한국여성으로 수십 년간 미국을 비롯한 세계 곳곳에서 문화예술의 리더로 활약하며 인정받는 정 박사님께 명예박사학위를 드리자"는 제안을 했다. 정 박사는 1998년도에 숙대로부터 명예박사학위를 받았다.

뉴욕에서 열린 아시아 동양학회에서 김 부관장은 정 박사와 두 번째 만남을 가졌다. 이때 김 부관장은 조심스럽게 정 박사에게 숙대에 세계자수센터를 설립하자고 권유했다. 그러나 정 박사는 오래 전부터 자신의 박물관을 세우려고 장소까지 준비해 둔 터였고, 미국 내의 많은 지인들이 박물관 건립을 돕겠다는 후원 의사를 밝히고 있었기 때문에 쉽게 결정할 수 없는 입장이었다. 그렇게 시간은 흘렀고 6년이라는 기다림 끝에 정 박사는 숙대에 모든 것을 맡기기로 결정했다.

정 박사는 어느 해 겨울 뉴욕 시내의 교통이 마비될 정도로 무섭게 내린 폭설을 뚫고 찾아온 숙대인들의 열정과 순수함에 감동을 받은 그때부터 마음이 숙대로 움직이기 시작했다고 고백했다.

정 박사는 700여 점의 세계적인 자수 유물을 아낌없이 숙대에 기증했다. 자수 박물관은 2,300년 전 초나라의 자수가 놓인 청동거울부터 5,000년 전 자수 문양이 나타나 있는 양소 토기, 고대부터 청나라 때에 이르기까지의 중국 자수복식, 일본을 비롯한 동아시아 각국, 미국과 유럽 등의 세계적인 자수 제품들이 망라되어 있는 세계 유일의 박물관이다.

문신미술관에서 세계적인 조각가를 만나다

한국이 낳은 자랑스러운 세계적인 조각가 문 신文信 선생은 한국보다 오히려 해외에서 명성이 더 높은 미술계의 거장이다. 문 선생은 생명의 본질을 탐구하는 추상 조각가로서 한국 미술을 세계무대로 도약시킨 예술가이기도 하다.

문 신 선생은 1970년 프랑스 국제 야외조각 심포지엄에서 13m가 넘는 거목을 이용한 '태양의 사자'라는 거대한 토템을 제작해 세계 조각계를 깜짝 놀라게 하며 유럽 미술계에 혜성처럼 등장했다. 유럽에서 명성을 쌓은 그는 서울 올림픽 때 '올림픽 88'을 제작해 예술로 한국을 알리는 결정적인 역할을 했다. 또한 1989년 동양인으로는 처음으로 유고슬라비아, 헝가리 등 동유럽 순회전시를 열며 한국인의 예술적 입지와 문화적 위상을 높인 예술가이다.

더 놀라운 것은 그가 미술의 수도라고 불리는 프랑스에서 얻은 명성을 뒤로한 채 미련 없이 귀국해 고향인 마산으로 돌아가 미술관을 건립했다는 사실이다.

문 신 선생의 아내인 최성숙 관장은 1995년 남편이 세상을 떠나자 마산에서 남편의 작품을 지키고 있었다. 그러다 숙대와의 만남을 계기로 남편의 작품들을 숙대에 기증하기로 했다. 문 신 선생의 작품들이 숙대에 기증되는 과정 또한 꽤 드라마틱하다.

1998년 가을 어느 날, 이 총장은 미국 UCLA 캠퍼스의 아름다운 조각공원을 둘러보며 숙대에도 이런 공원이 있었으면 하는 소망을 가졌다. 그리고 1999년 어느 봄날, 경남대와 자매결연을 체결하고 교직원과 학생 및 주민들을 상대로 특강을 했었는데 특강이 끝나고 문신미술관의 최성숙 관장이 이 총장의 고등학교 3년 후배라며 인사를 청해왔다.

"선배님, 여기까지 오셨으니 제 남편의 미술관 좀 구경하고 가시는 건 어떻겠어요?"

미술관 전경을 둘러보던 총장은 말로만 듣던 문 신 선생의 작품들을 보며 감동을 느낌과 동시에 "이런 미술관이 서울에 있으면 더 많은 사람들이 볼 수 있어 참 좋을 텐데" 하는 아쉬움이 들었다.

그런데 놀랍게도 가톨릭 신자인 최 관장은 "3개월 전부터 100일 기도를 드리며 좋은 독지가가 나타나 서울에 전시되기를 소망해 오고 있었다"고 털어놓는 것이었다. 총장은 잠시의 틈도 없이 "우리 숙대가 서울시내 한가운데 위치해 있잖아요. 문화예술 캠퍼스를 만들 꿈과 비전도 가지고 있고요"라고 말했다. 그 순간 최 관장이 총장의 손을 덥석 잡으며 "총장님, 제 기도의 응답이 바로 숙대였나 봐요. 이 작품들 학교로 옮겨 놓으세요"라고 대답했다.

이 총장은 최 관장을 숙대에 초청했다. 최 관장은 캠퍼스를 찬찬히 둘러본 후 조건없이 기증하겠다는 약속을 했다. 총장은 곧바로 조각작품들을 이전하는 교섭을 본격적으로 시작했고 미술관 설립과 캠퍼스 조각공원화 등 구체적인 계획을 발표했다.

캠퍼스 내 조각공원 조성 작업의 일환으로 주요건물과 도서관 앞

등에 문 신 선생의 대표작인 〈개미〉를 비롯해 브론즈 및 스테인리스 작품 12점이 설치되었다. 그리고 2004년 3월 문신미술관을 개관함으로써 많은 작품들이 미술관으로 옮겨졌다.

기증받은 작품으로는 조각 50여 점, 드로잉drawing 800여 점을 포함해 수백 점의 작품들이 문신미술관에 상시 설치되었다. 학교에서는 최 관장에게 숙대 문신미술관 관장으로 봉사해줄 것을 요청해 수락을 받았다.

문신미술관의 나진희 씨는 "최근에는 외국인들도 자주 찾아온다. 유럽에서 온 방문객들은 문 신의 작품을 유럽에서 본 적이 있다며 특히 반가워한다"고 말한다.

울타리를 벗어나 세상과 소통하다

숙대는 이미 사회봉사학점제를 운영하고 있다. 사회봉사 교과목은 수강신청 제한 학점과 별도로 2시간의 교내 사전교육과 30시간의 봉사활동을 이수하면 1학점을 취득할 수 있도록 하고 있다. 특히 장학금을 받는 학생은 반드시 사회봉사활동 참여를 요구한다.

섬김리더십을 실천하기 위해 1996년에 국내 대학 최초로 발족된 사회봉사실은 그동안 불우이웃돕기와 학생들의 자율적 봉사활동을 학점으로 격려하는 사회봉사학점제를 운영하고 있다.

또한 2002년 숙대는 국제 행사에서 봉사할 수 있는 국내 최초의 대학 통역봉사단을 발대시켰다. 통역봉사단은 숙명여대가 섬김리더의 산실임을 알리는 데 기여했다. 2002년 월드컵 축구대회에서 통역봉사를 했고, 2003년에는 법무부가 주관하는 반부패 국제대회에 참가해 대학 자원 봉사단을 대표하며 대학 섬김문화를 주도했다. 2004년에는 매일경제가 주최하는 세계지식포럼의 공식 통역봉사단으로 결연을 맺어 명실 공히 대학 자원봉사단의 리더로 자리매김했다. 현재 7기 출범을 앞두고 있는 통역봉사단은 5개 국어 통역을 담당하는 200여 명의 예비 리더들로 구성되어 있다.

통역봉사단과 쌍벽을 이루는 또 하나의 봉사단이 바로 지식봉사단이다. 지식봉사단은 디지털시대에 정보와 문화 격차로 소외받는 소수자들을 위해 봉사하는 모임으로 2003년 가을 용산구 지역의 불우한 여성과 저소득층 가정의 아이들을 위한 교육봉사를 위해 발족했다.

통역봉사단이 호텔이나 컨벤션센터와 같은 국제회의장에서 언론의 집중 조명을 받는 양지의 봉사단이라면, 지식봉사단은 어두운 골방이나 야학에서 장애우들과 불우 청소년, 가정에서 내몰린 여성들을 위해 봉사하는 음지의 봉사단이다.

현재 50여 명으로 구성된 지식봉사단은 2004년 봄 학기부터 용산구 효창동에 위치한 한빛장애우협회에서 IT교육을 정례적으로 실시하고 있다. 2005년에는 지식봉사단 2기 출범과 함께 후암동에 위치한 혜심원에서 숙명혜심학교를 운영하고 있다. 통역봉사단과 지식봉사단 이외에도 환경봉사단, 의료봉사단 그리고 해외봉사단이 활동하고 있다.

매년 가을에 실시되는 '숙명사랑듬뿍바자회'는 학교의 이목을 사로잡는 주요 행사다. 바자회가 열릴 때마다 사회봉사실과 봉사단원들이 기증품을 접수하며 받았던 감동은 글로 옮기기 어려울 정도다. 집에 있는 멸치선물세트, 치약, 수건, 차, 술, 옷, 양말, 화장품, 액세서리 등 그야말로 팔 수 있다고 생각되는 모든 물건이 사회봉사실에 쌓였다.

2002년에는 바자회 기간 3일 내내 행사장이 마치 유명 백화점 세일처럼 북적였고 KBS 라디오 방송국에서 취재까지 올 정도로 화제거리였다. 바자회 수익금 1,200만 원은 용산구에 거주하는 283명의 독거노인들에게 20kg짜리 쌀 한 포씩을 사드리는 데 사용됐다. 서울역에 있는 대형마트에서는 봉사단의 깊은 뜻을 알고 가장 저렴한 가격과 무료배달로 계약을 해주었고, 요청하지도 않았는데 초코파이 한 상자씩을 함께 배달해 주는 훈훈한 인심을 베풀었다.

사회봉사실은 매년 가을에 바자회를 개최해 수익금을 불우이웃들에게 나누는 일을 계속하고 있다. 행사 규모도 매년 커지고 수익금도 늘어나 숙대의 사랑받는 봉사 이벤트로 굳건하게 자리 잡았다.

사회봉사실장을 지낸 김상률 교수는 "숙대는 세상의 빛과 소금으로서의 역할을 감당해야 한다. 다른 사람을 위해 봉사하는 것은 이 역할의 실천일 뿐이다"라고 말한다.

최초에 도전한 숙명인

숙대는 현모양처 양성소라는 이미지 때문에 사법고시, 행정고시, 외무고시, 공인회계사 등에 진출한 학생 수가 적은 편이었다. 지금이야 각종 고시 합격자수가 많아졌지만 이 총장 취임 당시 고시 합격자는 소수에 불과했다. 1994년도에 숙대를 졸업한 공현정 씨가 공인회계사에 도전해 성공한 이야기를 들어보자.

공 씨가 공인회계사 공부를 시작하던 1994년의 고시실에는 재학생과 졸업생 30여 명이 모여 각종 고시 공부를 하고 있었지만 합격한 선배들이 거의 없는 터라 분위기는 무거웠다.

"과연 숙대생이 고시에 합격할 수 있을까 하는 우려 속에서 총장님은 '숙대가 발전하기 위해서는 우리 학생들이 사회 각 분야에 진출해야 한다. 비록 고시에 합격한 선배들은 없지만 여러분들이 후배를 위해 개척자가 되어야 한다는 사명감으로 끝까지 최선을 다하길 바란다. 여러분은 반드시 합격할 수 있다'고 격려를 해주셨다.

공씨는 자신의 경험을 살려서 "숙대생도 할 수 있으니 목표를 가지고 열심히 하세요. 과거 더 좋은 학교의 학생들도 떨어지는 시험을 숙대생인 내가 과연 합격할 수 있을까 하는 두려움에 사로잡혀 최선을 다하지 않았던 때가 있었어요. 무엇이든 할 수 있다는 자신감을 가지고 열심히 하면 그 꿈이 이루어지리라 확신해요"라고 후배들을 격려하고 있다. 공 씨가 뿌린

공인회계사의 씨앗은 매년 합격자 수를 증가시켜 지난 해에는 그 수가 15명으로 늘어났다.

언론사 진출 또한 숙대생들의 취약분야였다. 곽민영 씨는 1994년에 숙대 화학과에 입학한 후 3학년 말에 언론고시를 준비했다. 당시 숙대 출신 신문기자는 전무한 편이라 곽 씨가 언론계 진출에 대한 도전의사를 밝힐 때마다 선배들은 "신문사는 서울대, 고대, 연대만 뽑는다더라" 말하면서 은근히 "헛고생하지 말고 가능한 길을 찾아보라"는 표정을 짓곤 했다.

그러나 1999년 초 곽 씨는 모 일간지의 신문기자가 되어 꿈을 이루었다. 지금은 동아일보 기자로 활동하고 있는 곽 씨는 달라진 숙명의 위상을 생각만 해도 행복하다고 말한다.

"숙대가 비약적으로 발전하고 그 활동이 보도되는 걸 보면 숙대 출신이라는 게 그토록 자랑스러울 수가 없어요. 초창기에는 선배 기자가 없어서 외로웠는데. 요즘에는 매년 10여 명 이상의 후배들이 언론계로 진출하고 있어 무척 든든합니다. 더군다나 관공서나 기업 진출도 많아져서 취재원으로 만나는 경우가 자주 있어요. 우리 대학 출신들이 현모양처에서 적극적인 사회인으로 변화하는 것을 실감할 수 있습니다."

●
○
●

우리 국민이 존경받는 한국인으로 웅비하려면
부족한 2%를 채워야 한다.
그것이 바로 섬김과 배려의 문화다.
그렇기 때문에 S리더십은 더 없이 좋은 대안이다.
S리더십은 대한민국의 희망이다.

3부

세계를 향해 비상하다,
숙명여대

7장
숙명은 자랑스러운 이름이다

춤추는 언니 총장님, 사랑해요

"대학가 화제의 중심에는 늘 숙명여대가 있습니다."

대학을 취재하는 기자들이 대학의 신선한 이야기를 찾을 때는 먼저 숙대 홍보실을 노크한다고 말할 정도로 숙대는 이미 대학가의 뉴스메이커로 알려져 있다.

'춤추는 총장'이란 기사 제목도 매년 5월 성년식을 앞두고 단골메뉴로 등장한다. 2001년도에 이 총장이 처음으로 학생들 앞에서 춤을 췄을 때, 대학사회에서는 총장으로서 너무 가벼운 처신이 아니냐는 평가도 있었다.

그러나 정작 숙대 학생들의 반응은 달랐다. 오히려 "우리 총장님 너무 멋져요. 춤추시는 총장님을 보니까 언니 같다는 생각이 들어요. 멀고 어렵게만 느껴졌던 총장님이 갑자기 가깝게 느껴져요" 하며 열광

했다.

총장과 학생 사이의 거리감은 아무리 좁히려고 노력해도 한계가 있는 법인데 그런 괴리감을 이 총장은 춤으로 일시에 날려버렸다. 깜짝 춤 역시 학생 중심의 대학을 주장하는 총장의 철학에서 나온 발상이다. '학생의, 학생에 의한, 학생을 위한 대학사회'를 만들겠다는 의지의 표현인 셈이다.

총장의 춤은 매년 성년식과 함께 하는 '청파은혜제'에서 볼 수 있다. 숙대에서는 1995년부터 효와 예, 봉사와 섬김의 문화를 정착시키기 위해, 학생들을 위한 성년식 행사를 치르면서 부모님을 초청해 성년으로 키워준 은혜에 감사하는 의식도 함께 행한다. 성년식을 하는 학교는 많지만 부모에게 감사하는 의미를 담아 '은혜제'라는 이름을 붙인 학교는 찾아보기 힘들 것이다.

"학생들에게 눈높이를 맞추라고 하면 거리는 더 멀어질 수밖에 없어요. 그래서 우리가 학생들과 맞추는 거죠. 총장과 교무위원들이 아무리 춤을 열심히 연습한다 해도 어설플 거예요. 그렇지만 그런 모습을 보며 더 가까이 다가오는 것 같아요."

총장과 교무위원의 춤은 학생들과의 거리감을 좁혔을 뿐 아니라 학생들을 총장의 열렬한 팬으로 만들어 놓았다. 언론에서 붙여준 여러 별명 중 총장이 가장 맘에 들어 하는 별명은 바로 '언니 총장'이다. 자신들과 정신적인 공감대를 함께 나누기 위해 노력하는 총장을 언니처럼 친근하게 느낀다는 점이 무엇보다 맘에 드는 것이다.

캠퍼스를 지나가는 총장을 발견한 학생들은 스스럼없이 달려와

"총장님, 뵙고 싶었어요. 사진 좀 함께 찍어주세요" 하며 친근감을 표현한다. 어떤 학생은 "총장님, 사랑해요. 존경해요"라며 손으로 하트를 만들어 보이기도 했다.

총장은 매년 새로운 춤을 선보인다. 2007년에는 응원단장 복장으로 깜짝 댄스를 선보여 학생들을 즐겁게 했다.

"매년 5월이 오면 학생들에게 선 보일 춤을 연습하는데, 그럴 때마다 마냥 행복해요. 춤을 추다 보면 마치 학생들과 함께 이십대가 된 느낌이 들거든요."

총장과 교무위원들이 춤을 춘다는 것은 그 자체로 섬김리더십의 표현이다. 매년 함께 춤을 춘 정보통신처의 최종원 처장은 "총장님의 상상력과 열정에 그저 감동할 따름입니다. 학생들의 기쁨은 곧 교수들의 기쁨이죠. 저 역시 춤을 준비할 때 기쁜 마음이 먼저 듭니다"라고 말한다. 중국의 고위층이 매년 숙대를 방문하는 이유를 "숙대가 한국에서 가장 대학다운 대학이기 때문이다"라는 한마디 말로 대신할 수 있는 것도 이런 이유에서다.

얼마 전 숙대를 방문한 모 대학 교수는, 자신을 안내하는 학생이 "저는 우리 총장님을 존경합니다. 총장님은 저의 역할 모델이거든요"라는 말을 했을 때 뭐라 표현할 수 없는 충격을 받았다고 한다. 그리고 그때처럼 숙대가 부러운 적이 없었다는 말을 덧붙였다.

따뜻한 사제간의 온정

총장을 향한 학생들의 사랑과 존경의 마음은 이미 곳곳에서 언급했다. 그러면 학생과 교수와의 관계는 어떨까. 역시 '그 총장에 그 교수'라는 말이 나올 법하다. 학생들도 교수를 따르고 존중하는 풍토가 전통처럼 이어지고 있기 때문이다. 이 총장 역시 오늘날 자신이 있게 된 것은 대학시절 스승님들의 지도와 사랑 덕분이었다고 강조한다.

졸업생인 오창희 씨는 대학시절 잊을 수 없는 은사에 대한 감사의 마음을 『숙명 100인 회고록』에 남겼다. 고등학교 때 학생회장이었던 그는, 숙대 정치외교학전공 홍규덕 교수의 '미리 보는 대학생활'이란 오리엔테이션을 듣고 감동을 받아 그 자리에서 인사를 하고는 숙대에 입학원서를 제출했다.

면접시험 때 "이화여고에서 왔죠? 열심히 들어주더니 왔네!" 하면서 반갑게 맞아주는 교수가 있었는데, 바로 홍 교수였다. 그 많은 학생들 중에 자신을 기억하는 세심한 배려에 놀라지 않을 수 없었다. 그러나 그 해 아쉽게도 낙방하고 말았다. 그때 홍 교수로부터 전화가 왔다.

"오창희 학생, 면접 때 정치학도가 되고자 하는 열정이 참 인상적이었어요. 이번에 좋은 결실을 맺지는 못했지만 다시 한번 도전해 보면 어떨까요."

홍 교수의 전화에 다른 학교를 가겠다는 생각을 접어두고 재수를 선택했다. 더욱 놀라운 일은 여름방학 중 홍 교수가 제자들을 데리고 미국 대학 연수를 가 있는 동안 오 씨에게 편지를 보낸 것이었다.

"무더운 여름에 공부하기 무척 힘들지요? 오창희 학생이 좋은 결실을 맺어 다음해엔 이 연수에 동행할 수 있으면 좋겠군요."

편지를 받은 그는 "세상에 이런 교수님이 어디 있고 이런 학교가 또 어디에 있을까. 반드시 숙대에 들어갈 거야"라고 다짐했다. 사랑이 넘치는 편지 한 장이 무더위와 함께 찾아온 슬럼프를 말끔히 씻어주었다. 재수 기간 내내 편지를 책상 앞에 붙여두고 매일같이 읽어보며 마음을 다잡았다. 그리고 당당히 숙대 정치외교학과에 합격할 수 있었다.

이처럼 특별한 인연으로 만난 홍 교수는 오 씨를 연구실로 불러 열심히 공부하라고 격려하며 연구실의 책을 마음껏 볼 수 있도록 배려했다. 그리고 좋은 선배들을 소개하는 등 오 씨의 멘토로 자리했다.

"교수님은 4년 동안 저에게 많은 기회를 주셨습니다. 각종 국제회의 통역사로 활동할 수 있도록 도와주셨고, 모의 UN대회와 숙명토론 대회 참여도 직접 지도해 주셨어요. 또 해외문화탐방단으로 선발되어 일본과 유럽의 선진대학들을 방문하는 것도 도와주셨습니다. 꿈과 비전을 갖도록 용기를 주시고 격려해 주신 교수님은 저의 참 스승이며 영원히 존경을 표하고 싶은 분입니다. 교수님의 사랑에 보답하기 위해 최선을 다하는 삶을 살려고 노력합니다."

교수들의 제자 사랑은 비단 정치외교학전공에 국한된 얘기가 아니다. 어느 학과를 막론하고 숙대의 교수는 제자들을 사랑하고 제자들은 교수를 따르고 존경한다. 숙대에는 아직도 사제간의 정이 숨쉬고 있다.

또 하나의 사례로 문화관광학부에 재학 중인 조은혜 양의 얘기를 들어보자.

조 양은 대학에 들어오면서 걱정이 많았다.

"친구들을 잘 사귈 수 있을지, 고등학교 때와는 다른 수업방식에 적응할 수 있을지 걱정이 많았습니다. 그중에서도 멘토를 찾을 수 있을지에 대한 걱정이 가장 컸습니다. 고등학교 시절만 해도 부모님과 담임선생님이 그런 역할을 해주셨지만 대학에 올라가면 더 많은 어려움에 직면할 텐데, 이 때 누굴 믿고 따라야 할지 막연하기만 했습니다."

게다가 대학에 진학하자마자 어머니가 갑자기 쓰러져 뇌경색으로 수술까지 받게 되는 불행이 닥쳤다. 이 사건은 가족 모두에게 큰 충격이었다. 또한 활기차게 새로운 학교생활을 시작하던 조 양에게도 견디기 어려운 시련으로 다가왔다.

최소한 일주일은 병간호를 해야 하는 상황인지라 부랴부랴 교수님들께 메일을 보냈다. 대부분의 교수님들이 친절한 배려를 잊지 않았지만, 그중에서도 의사소통센터의 신희선 교수가 보내준 메일은 지금도 잊혀지지 않는다고 한다.

당시 신 교수는 '글쓰기와 읽기'란 수업을 진행하고 있었는데 한 주를 놓쳐도 따라가기가 어려운 수업이었다. 그러나 신 교수가 보내준 격려와 조언으로 조 양은 무사히 과목을 이수할 수 있었다.

"교수님은 많은 수업자료를 정성스럽게 준비해오셔서 수업을 하셨기 때문에 공부에 대한 열의를 불러일으키셨습니다. 또 매주 신문자료와 책에서 읽은 좋은 글들을 스크랩해서 나눠주시고, 학생들 한 명한 명의 이름을 외우셔서 그들의 장점과 단점을 얘기해 주셨습니다."

그런 인연으로 조 양은 학기가 끝난 후에도 신 교수가 지도하는 '리더십 포럼'이라는 모임에 참여할 수 있었다. 가입이 쉽지 않았지만, 수업시간에 최선을 다하는 모습을 기억한 신 교수는 매주 한 번 정치, 경제, 사회, 여성, 국제 등 다양한 분야의 주제를 다루는 토론 모임 멤버로 조 양을 받아들였다.

　"구성원은 10명이고 비록 2, 3학년의 어린 학생들로 이루어진 모임이었지만 교수님은 한 번도 개인사정으로 빠지신 적이 없었어요. 매번 더 큰 관심으로 모임을 이끌어나가셨죠. 가끔 사정이 생겨서 참석하지 못할 때면 교수님은 '괜찮으니 다음에는 꼭 열띤 토론의 모습을 보여주길 기대한다'는 문자를 보내주셔서 제 자신을 다시 돌아보게 만드셨어요. 또 가끔 차를 마시면서 인생과 진로에 대한 조언도 아끼지 않으십니다.

　몇 백만 원의 수업료를 내고 들어야 하는 이런 수업과 귀중한 조언을 공짜로 받고 이런 교수님을 뵙고 가까이할 수 있다는 사실이 너무나 감사할 따름입니다. 더욱이 아직도 부족함이 많은 제게 할 수 있다는 용기를 주시고 사람과의 관계가 얼마나 소중한지를 깨닫게 해주시는 분이에요."

　조 양은 아직도 신 교수가 보낸 2006년 12월 마지막 날의 문자 메시지를 기억하고 있다.

　"예쁘고 소중한 사람들, 그대들의 이 여행이 훗날 아름다운 시간으로 오랫동안 기억되리라. 사랑한다."

고객만족도 1위 대학

학생들의 고객만족도 1위 대학은 바로 숙명여대다. 숙대 학생들은 그들의 학교가 자신들에게 무엇인가를 해주기 위해 최선을 다한다는 믿음을 갖고 있다.

학생들은 학교가 투명경영을 통해 물품 하나를 매입할 때도 질 좋고 저렴한 제품을 구입하려고 노력한다는 것을 알고 있다. 그러면서 학생들을 위한 투자에는 아낌없이 지원한다는 사실 또한 잘 알고 있다.

국어국문학전공의 조하나 양은 학교가 제공하는 교육과 서비스에 대한 자긍심이 대단하다.

"학교 안에 좋은 프로그램들이 참 많아요. 사실 신입생 때는 방황하기 쉬운 시기인데 이 때 필수로 이수해야 하는 리더십 교양학부과정은 많은 도움을 줍니다. 특히 삶의 목표와 비전을 담은 일대기를 써보는 경험은 잊지 못할 깨달음을 주지요. 또 여성 리더를 육성하는 데학교 발전의 초점을 맞추는 것도 올바른 전략이라고 생각해요. 취업 경력개발원에서 운영하는 프로그램도 많은 도움이 됩니다."

교육은 학생들이 성장하는 모습을 통해 의의와 보람을 갖는 활동인데, 숙대는 학생이 입학하기 전보다 입학하고 나서, 입학한 후보다 졸업하고 나서 더욱 발전할 수 있도록 교육을 한다.

중문과를 졸업한 강수정 씨는 '중국어의 고수', '중국어 학습의 모범'이라는 얘기를 자주 듣는다. 강씨는 숙대를 졸업한 후 외국어대 통역번역대학원을 거쳐 해양수산부에서 중국어 번역과 통역을 담당하면서 공로를 인정받아 장관 표창까지 받았다. 중국어를 잘한다는 소문이 퍼지면서 해양수산부 차관이 "어디서 중국어를 배워서 그렇게 잘 하나요?"라고 물을 정도였다고 하니 강 씨의 수준이 어느 정도인지는 짐작이 갈 것이다. 중국 사람들도 "한국인들이 잘 못하는 발음을 어떻게 그렇게 잘 하느냐?"고 묻는 경우가 많다고 한다. 강 씨는 "숙대 중문과 교수님들의 실력과 교육에 대한 열정이 있었기에 국내는 물론 해외에서도 인정받는 것"이라고 자신한다.

제일기획에 다니는 김현지 씨는 복수학위제 프로그램에 참여했기 때문에 2개의 대학 졸업장을 가지고 있다. 김 씨 또한 항상 학교가 제공한 다양한 기회에 적극적으로 참여한 덕택에 오늘의 자신이 있는 것이라고 대답한다.

"입학하자마자 숙명토론클럽에 가입했고 하계 해외리더십 프로그램 덕에 뉴질랜드에서 5주를 보냈어요. 2학년 때는 전국 모의 UN회의에 출전해 대상인 외교통상부 장관상을 받아서 일본 히로시마 평화세미나에 참석했고, 겨울 방학 때는 한국국제협력단에서 인턴으로 일했죠. 3학년 땐 미국의 아메리칸 대학의 복수학위 프로그램에 참여해 2년간 공부했어요. 한국인으로서는 미국 대학에서 처음으로 벨기에 교환학생으로 파견되어 한 학기를 보내기도 했구요. 미국 대학에서 최우등생으로 졸업하고 한국으로 돌아와 숙대에서도 졸업을 해서 두 개의 학위를 취득했습니다. 이 모든 게 숙대인이기 때문에 가능했던 일입니다."

학생회장을 지낸 윤유선 씨는 고등학교 때까지 평범한 학생이었는데 숙대와의 만남을 통해 선택받은 리더가 되었다고 고백한다.

"저는 고등학교 때까지 그저 그런 평범한 여고생이었어요. 그런데 숙대에 입학하면서부터 저의 새로운 면을 발견하게 되었죠. 신입생 때부터 활동했던 숙명앰버서더, 정신적인 안식처였던 동아리 숙명 JOY, 넓은 꿈을 가슴에 안을 수 있는 기회를 준 숙명리더스클럽, 미국 워싱턴에서의 리더십 연수 기회, 그리고 평생 잊을 수 없는 총학생회 등은 모두 제 안에 잠자는 거인을 깨우고 에너지를 불러일으켜 준 참된 활동들이었습니다.

고등학교 시절에 똑똑했던 친구들이 대학에 와서 오히려 꿈을 포기하는 걸 많이 보았습니다. 이와는 달리 숙대생들은 더 큰 꿈을 품었고 또 그 꿈을 이루어 갔습니다. 숙대와의 만남은 저에게 숙명과도 같아요. 저뿐만 아니라 주위의 숙대생들이 쑥쑥 자라는 모습을 4년 동안 많이 보아왔습니다."

리더라면 숙명앰버서더처럼

1999년 가을 어느 날, 서울 시내 100명의 여자 교장선생님들이 숙대를 방문하기로 했을 때 학교에서는 40명의 자원봉사자를 모집했다. 선생님들께 행사장을 안내하고 사소한 불편을 덜어드리는 정도의 도우미 역할이었다.

"요새 젊은 사람들 같지 않게 예의 바르고 공손해."

교장선생님들의 이러한 칭찬에 정작 놀란 것은 학교 측이었다. 이신희 차장은 "지금까지 학생들이 학교 행사에 관심이 적다고만 생각했었다. 하지만 학생들의 애교심을 확인하고 나니, 이를 지속하기 위해 봉사동아리를 만들면 어떨까 하는 생각이 들었다"고 숙명앰버서더의 출범 배경을 설명한다.

이 이야기를 전해들은 총장은 좋은 생각이라며 봉사그룹의 이름을 숙명앰버서더로 하면 어떻겠느냐고 제안했다. 이렇게 해서 자원봉사자 중 15명이 지원을 해 숙명앰버서더 1기가 탄생했다.

총장은 자신이 지도 교수가 되겠다고 자청할 정도로 첫 번째로 탄생한 리더십 그룹에 각별한 관심과 애정을 보였다. 의류학과 교수들은 하얀색 옷깃에 교표를 수놓은 하늘색 제복을 손수 디자인해 만들어 주었다.

매년 봉사대원들을 모집해 2007년 현재 9기까지 112명의 숙명앰버서더가 배출되었다. 이들은 3월에 선발되어 한 학기 동안 토요일마다 매너, 예절, 스피치 등 리더십 관련 교육을 받고 실전에 배치된다. 교육은 초창기엔 사무국에서 담당했으나 지금은 자발적으로 선배들이 후배들을 교육시키고 있다.

이들은 학교행사가 있으면 의전을 담당하고 학교를 방문한 귀빈들에게 학교를 소개하는 일을 맡는다. 입학식이나 졸업식 때는 기수단이 되어 행사를 빛내는 역할도 한다. 이름 그대로 학교의 홍보대사 역할을 담당하다 보니 애교심과 자부심이 넘쳐나 자연스럽게 리더로 성장하고 있다.

지금까지 학생들이 봉사한 귀빈들은 국무총리, 대기업 회장, 국내 및 해외 대학총장 등 다양한 분야의 리더들이다.

8대 회장을 맡았던 최혜원 앰버서더는 "귀빈들을 안내할 때마다 그분들의 세련된 매너와 절제된 행동을 통해 많은 감동을 받고 배우는 것도 많다"고 말한다.

또 동문 선배들이 학교를 방문해 "학교의 발전에 놀랐다. 너무 변해서 어디가 어디인지 모르겠다"며 학교발전에 높은 점수를 줄 때 괜히 어깨가 으쓱해진다고 한다.

100주년을 맞이해서 미주지역 동문들이 불편한 몸을 이끌고 백발로 학교를 돌아보며 "이제 모교를 보는 게 마지막이 될 것 같아 미국에서 달려왔다"고 울먹일 때는 가슴이 찡했다며 눈시울을 붉힌다.

숙명앰버서더는 대구유니버시아드 대회, 월드컵축구대회, 인사동의 외국인 방문, 아름다운 가게 등에서도 자원봉사활동을 하고 있다. 학교가 발전하고 유명해지면서 숙대를 찾는 견학인파도 늘어나 1년에 200회 정도 봉사활동을 하는 숙대의 홍보대사는 바쁜 학생들의 상징이 되었다.

숙명앰버서더가 학생봉사그룹으로 최초로 활동을 벌인 후 학교에서는 정책적으로 재학생 리더십 그룹을 모집했다. 각종 간행물에 필진으로 참여하고 있는 숙명통신원, 박물관 도슨트 활동을 담당하는 문화봉사단, 숙명의 인적·지적 네트워크 활성화에 기여하고자 구성된 숙명아이비스, 멘토 프로그램 활성화 및 멘티들 간의 네트워크 형성을 위해 노력하는 트윈스 등 리더십 그룹은 현재 37개에 이르고 있다.

연예인 없는 축제를 열다

대학생활의 낭만과 즐거움을 만끽할 수 있는 하이라이트는 대학 축제이다. 그러나 그 대학 축제마저도 상업주의에 물들고 세속화되어, 연예인을 섭외하지 않으면 학생들의 발걸음을 잡아두기 어려울 만큼 변질되었다는 비판도 있다. 30분에 몇 백 만원씩 주고 인기가수를 부르지 않으면 안 되는 상황이 되어버린 것이다.

대학사회에 만연된 연예인 위주의 축제에서 탈피해야 한다는 주장은 인정하지만 현실적인 결단은 쉽지 않다. 2007년도 숙대 총학생회 간부들은 이 문제로 난상토론을 벌였다.

"이번 축제는 연예인을 부르지 않고 보다 참신한 접근을 했으면 하는데 어떻게 생각하세요?"

"그래도 학생들의 호응을 불러내고 참여를 높히려면 인기 가수를 불러야 하지 않을까요?"

"가수를 섭외하는 데 들어가는 돈도 돈이지만, 대학에서 연예인이 와야 사람들이 모인다는 게 자존심이 상하는데요."

"그러다가 학생 동원에 실패하면 어떡하죠?"

"힘들지만 우리 힘으로 새롭게 시도해 보면 좋겠네요."

이윽고 민 정 학생회장이 회의를 마무리했다. "대학축제에도 혁신이 필요해요. 이번 축제는 제가 전적으로 책임을 지고 연예인 없는 축제를 기획해 보겠습니다. 각자의 자리에서 열심히 한다면 우리는 선배들이 이루어놓은 자랑스러운 전통 위에 또 하나의 기적을 창출할 수 있으리라 믿습니다."

축제의 주제는 '동화童話'로 정했다. 교수, 직원, 학생, 이웃이 어린 시절의 순수한 마음으로 돌아가 섬김리더십을 발휘할 수 있기를 소망하면서 채택한 주제였다.

축제 첫날, 비가 많이 내려 걱정했지만 다음날부터 언제 그랬느냐는 듯 햇볕이 쨍쨍 내리쬐며 동화 속을 거닐기에 좋은 날씨가 되었다. 동화 같은 분위기를 마련하기 위해 학생회에서는 작은 동물원을 만들었다.

각종 진귀한 뱀, 원숭이, 거북이, 토끼 등 귀여운 동물들이 사람들을 반겼다. 이웃주민들이 구경하러 나왔고 캠퍼스는 발 디딜 틈이 없을 정도로 붐볐다. 목마타기, 자동차 타기 등 각종 놀이기구도 설치해 재미를 더했다. 교수들도 여기저기 눈에 띄었다. 외국인 교수인 제임스 리도 축제를 구경하러 나와 칭찬을 아끼지 않았다.

"이번 축제는 매우 기발하다. 귀여운 동물들이 있어 그냥 지나칠 수가 없었다. 동화라는 주제를 정하고 거기에 맞는 프로그램을 만드는 능력이 뛰어나다. 아이디어 발상 또한 참신하다."

참가자들이 넘쳐나 인산인해를 이루자 학생회 간부들은 환호성을 터뜨렸다.

"대박이야, 대박! 창의적인 아이디어와 추진력이 주효했어요."

인기가수를 부르지 않고 학생들이 자발적으로 마련한 음악회도 대성공이었다. 행사가 끝난 후 학생회의 인기는 천정부지로 치솟았다. 숙대의 성공소식은 삽시간에 타 대학 학생회로 퍼져 나갔다. 숙대 학생회로 문의전화가 끊이질 않았다.

"연예인을 부르지 않고 어떻게 축제에 성공할 수 있었나요? 비결 좀 알려주세요."

민 회장은 "학생회 간부들의 학생들을 사랑하고 섬기는 마음인 진정성이 통했다"고 비결 아닌 비결을 소개한다.

2007년 회장단은 선거에 출마할 때부터 자신들을 '트로이카'로 정의하고 선거 기간 내내 바이올린을 연주하는 감성적인 선거운동으로 화제를 불러 일으켰다. 진취, 열정, 역동의 뜻을 담고 있는 트로이카는 '숙명의, 숙명에 의한, 숙명을 위한 전진, 오직 숙명과 숙명인의 행복만을 생각하겠다'는 공약을 내걸었다.

회장단의 감성리더십은 곳곳에서 목격된다. 매월 학생들에게 정성이 묻어나는 편지를 보내는가 하면, 봄에는 문화콘서트를 열어 현악 4중단이 30분씩 캠퍼스를 누비며 게릴라식 콘서트를 선보인다. 또 매월 말 교내 IPTV를 통해 학생들의 생일을 축하하고 장미꽃도 전달한다.

사실 숙명의 학생회는 혁신을 통해 늘 주목의 대상이 되어왔다. 지난 2003년에는 국내 대학 최초로 총학생회장선거를 인터넷 전자투표로 실시해 화제를 불러 모았다.

학생회에 대한 이 총장의 신뢰와 자부심을 느끼게 하는 일화가 있다. 기자들이 "가장 보람을 느끼는 때가 언제냐?"고 질문하자 총장은 이렇게 대답했다.

"2003년도 총학생회장인 이수진 양이 학교 축제에서 바자회를 열어 모은 돈을 UN의 국제 아동 구제기관인 유니세프에 전달했다는 얘기를 듣고 '어떻게 그렇게 기특한 일을 했느냐'고 칭찬을 했다. 그랬더니 '학교에서 지난 4년간 보고 듣고 배운 것이 그것밖에 없는데요'라고 대답해 섬김리더십이 학생들에게도 실천되고 있음을 알고 감동을 받은 적이 있다."

현명한 그녀들을 위한 X파일

숙대 학생처는 학생회, 동아리, 서비스센터, 학생들의 민원처리 등을 전담하며 학생들을 만족시키는 다양한 노력을 전개한다. 매 학기 1회씩 총장과 학생들의 간담회를 개최하고 학생처장은 수시로 학생들을 만나 의사소통이 원활하도록 힘쓴다.

학생처는 신입생 오리엔테이션, 흔히 '신입생OT'라고 불리는 이름부터 학생들의 눈높이에 맞추어 다시 명명했다. 오리엔테이션 프로그램을 'Must Know 숙명 프로젝트'라고 이름 붙이고 각각의 행사 이름도 숙명인의 영원한 애창곡 교가, 캠퍼스 보물찾기, 끼 있는 장학생의 길, 학생활동의 영양제, 학생서비스 A에서 Z까지, 섬김의 기쁨, 나눔의 행복, 소리 따라 율동 따라, 정보의 보고 도서관, 취업 정보를 위한 Career Up Value Up 등 부드러운 말로 바꿨다.

프로그램 하나하나의 진행도 학생회, 리더스클럽, 각 동아리의 간부들이 책임지도록 했다. 함은선 학생처장은 "학생들 자신이 중심이라는 느낌을 주는 것이 중요하다. 신입생 오리엔테이션을 비롯한 모든 학생회 활동에 이 원칙이 적용된다"고 말한다.

학생처는 학생서비스센터의 활동을 강화하고 있다. 학생들의 민원 처리는 최대한 빠른 속도로 처리하는 것이 원칙이다. 대부분의 민원은 가능한 한 즉시 처리하고 할 수 없는 것은 충분히 설명해 납득시키는 노력을 기울인다.

이 같은 노력의 일환으로 학생들이 학교생활을 일목요연하게 알 수 있도록『그녀의 X파일: 선배가 들려주는 성공적인 대학생활 노하우』라는 책자를 발간했는데 학생들의 반응이 뜨겁다. 학생처에서는 이 책자만 제대로 읽어도 대학생활을 후회 없이 할 수 있다고 자신한다. 이 책자는 50명의 숙명인들이 참여해 목표를 세우고 달성한 체험담, 세계를 무대로 축적한 경험담, 아르바이트로 1,000만 원을 모은 비결, 교수님들의 따뜻한 사랑의 편지 등 심금을 울리는 사연들을 재미있게 소개한다.

재학 중에 사법고시에 합격하여 화제의 주인공이 된 법학부 정노을 양이 쓴 '예비 숙명인과 지금의 숙명인들에게 보내는 사랑의 편지' 는 반응이 무척 좋았다. "나는 수업에 단 한번도 빠지지 않았고 교실에서는 맨 앞에 앉아 집중했습니다. 교수님의 말씀을 속기사처럼 한 마디도 놓치지 않고 받아 적으려고 노력했고, 수업시간이 끝나면 항상 도서관에 가서 복습을 했습니다. 교과서적으로 들리겠지만 비결은 예습과 복습입니다."

공부할 때의 마음가짐에 대해서 조언한 부분도 있다. "낭만적인 대학 생활을 즐기고 싶은 마음도 있었지만, 사법고시라는 목표를 정했으니 꾸미고 화장하는 것보다는 차라리 그 시간에 잠을 더 자고 못한 공부를 하겠다고 다짐했습니다."

시간관리 노하우도 공개했다. "걸어가는 시간도 아까워 강의 테이프를 이어폰으로 들으면서 갔고 집에서 잠자리에 들 때까지 라디오 방송처럼 틀어놓았습니다."

정 양은 이처럼 고시 공부를 하면서도 높은 학점을 받을 수 있었던 비결을 소개하여 고시생과 일반 학생들의 큰 관심을 받았다.

3억 원짜리 숙대 교문

　　과거 숙대의 교문은 "고등학교 교문만도 못하다"는 얘기가 나돌 정도로 볼품이 없었다. 제2창학을 선언한 숙대는 첫 번째 사업으로 낡은 벽돌교문을 철거하고 제2창학 교문을 신축하기로 했지만, 그 비용이 만만치 않았다.

　　3억 원이나 되는 교문 신축 비용을 학교 재정으로 충당한다는 것은 불가능한 일이었다. 할 수 없이 외부에서 모금을 통해 해결하기로 했다. 독지가 열 명으로부터 3,000만 원씩 기부금을 받아 건립하고 교문 뒤에 기부자 명함을 새기자는 계획이었다.

　　이 총장은 가까운 교인에게 도움을 구했다.

　　"교문을 단장하려고 하는데 3억 원이 들어요. 그래서 3,000만 원씩 10명의 기부자를 모시고 싶은데, 함께 기도해 주세요."

　　"그 3억 원 전액을 제가 기부하고 싶은데요. 제 이름 대신 성경구절을 새겨주시면 안 될까요?"

　　학교로 돌아와 논의를 계속했으나 결론이 나지 않았다.

　　"기독교 학교도 아닌데 성경구절은 어울리지 않는 것 같아요. 또 기독교인이 아닌 사람들에게는 거부감이 들 수도 있고요."

　　"초라한 교문을 보며 주눅 들어 있기보다는 멋진 교문을 바라보며 학교에 자부심을 갖게 하는 게 학생들에게도 더욱 좋지 않을까요. 그 정도의 제안은 받아들여도 무방할 것 같습니다."

명분론과 실용론이 맞서 결론이 나지 않자 교무위원들은 이 일을 총장에게 일임하기로 결론을 내렸다.

이 총장은 기부자의 뜻과 교직원, 학생들의 의지를 살리는 길은 아름다운 교문을 세워 제2창학의 신호탄으로 삼는 것이라고 생각했다.

드디어 정성스럽게 고른 네 개의 성경구절이 새겨졌다.

마음을 강하게 하고 담대히 하라. 두려워 말며 놀라지 말라. 네가 어디로 가든지 네 하나님 여호와가 너와 함께 하느니라 하시니라 (여호수아 1:9)

항상 기뻐하라. 쉬지 말고 기도하라. 범사에 감사하라. 이는 그리스도 예수 안에서 너희를 향하신 하나님의 뜻이니라 (데살로니가전서 5:16~18)

일어나라. 빛을 발하라. 이는 네 빛이 이르렀고 여호와의 영광이 네 위에 임하였음이니라 (이사야 60:1)

믿음은 바라는 것들의 실상이요 보지 못하는 것들의 증거니 선진들이 이로써 증거를 얻었느니라 (히브리서 11:1~2)

1995년 8월 22일 새 교문이 공개되던 날, 숙명인들은 얼싸안고 감격의 기쁨을 나누며 서로를 축하했다.

8장
대한민국 교육에도
희망은 있다

전국 최우수대학에 오른 약학대학

1996년 교육부로부터 대학개혁 우수대학 평가를 받은 숙대는 1997년 여름에는 대학교육협의회의 계열별 학과평가인정제의 일환으로 약학대학이 자체평가를 받게 되었다. 단과대학으로는 외부 평가를 처음 받은 셈이다.

평가의 난제는 10억 원의 시설투자가 필요하다는 점이었다. 약학대학은 1953년에 개설된 이후 44년 만에 처음으로 교육, 학생, 교수, 시설, 행정 및 재정의 전반적인 영역에 걸쳐 종합적인 진단을 받아야 했다. 이를 위한 시설투자 금액이 10억 원이었다. 이 비용은 학교 전체의 시설투자예산과 비교하면 상당한 금액이었기 때문에 학교로서는 용단이 필요했다. 총장은 "투자가 필요하면 어떻게든 해야 한다"는 입장이었고 다른 학장과 처장들도 같은 입장이었다.

총장과 교무위원들의 전폭적인 지원을 받은 김태희 약학대학장은 자신감을 갖고 약대 교수들의 헌신과 열정을 끌어내기 위해 최선을 다했다. 특히 정년퇴임을 앞두고 있던 김 학장은 학교를 위한 마지막 봉사의 기회로 생각하고 최우수를 받겠다는 확고한 목표를 세웠다.

우선 약대 교수 전원을 자체평가 연구위원으로 위촉해 각 분야를 분담하고 보고서를 작성하도록 했다. 특히 총장을 지낸 정규선 교수는 스스로 모범을 보임으로써 젊은 교수들이 더욱 분발하도록 자극했다.

평가를 준비하면서 버린 쓰레기가 자그마치 트럭으로 40대 분이 넘었다. 40여 년 동안 쌓인 쓰고 남은 시약, 낡은 기자재와 책, 못 쓰게 된 사무기구 등을 정리하다 보니 산더미처럼 쌓인 쓰레기를 치우는 것만으로도 엄청난 작업이었다. 오천학 사무처장이 직접 나와 직원과 일꾼들을 지휘할 정도였다.

이정숙 기획예산팀장은 평가단 방문 하루 전날, 밤 12시가 넘어서 귀가를 하던 중 한 교수로부터 중요한 전화를 받았다.

"평가단들이 평가업무로 하루 종일 실내에 있을 때 필요한 것이 슬리퍼입니다."

이 팀장은 전화를 끊자마자 한밤중에 시장으로 달려가 슬리퍼를 구입하는 정성을 보였다. 다음날 슬리퍼가 평가단원들에게 얼마나 큰 인기를 모았는지는 두말할 필요도 없다.

약학대학 평가는 교수들만의 관심사가 아니었다. 약대 동문들도 발 벗고 나섰다. 정형숙 약대 동문회장은 모교의 발전에 열과 성을 다했다. 우수한 평가를 받을 수 있도록 후원금 모금에 힘써 장학금 확대,

기기 구입, 학생사물함 설치 등 교육환경 개선에 많은 도움을 주었다.

평가 당일, 약대 동문회 임원들은 외부 평가위원들을 맞이하기 위해 한복을 차려입고 본관 앞 양쪽에 도열해 평가단을 맞았다. 약국을 운영하느라 조금의 짬도 내기가 쉽지 않았을 텐데도 귀한 시간을 내서 평가단을 환영해준 것이다. 평가단뿐만 아니라 이를 지켜보는 약대 교수와 직원들은 모교사랑에 진한 감동을 받았다. 이사장은 평가단을 만찬에 초대해 극진하게 환대함으로써 숙명사랑의 절정을 보여주었다. 이사장, 총장, 학장, 교수, 직원, 조교, 학생 그리고 동문회가 보여준 숙명의 저력은 결국 전국 최우수 약학대학이라는 결과를 낳았다.

대학종합평가에서 최우수대학으로 떠올라

1996년 대학개혁 평가에서 우수대학으로 뽑혀 자신감을 갖게 된 숙대는 1997년 8월, 약학대학이 최우수대학으로 평가를 받음에 따라 확신을 갖게 되었다.

이렇게 형성된 숙명인들의 자신감과 확신은 두 달 뒤 대학종합평가에서 그 진가를 발휘했다. 1997년 10월, 학교가 전 부문에 걸쳐 종합적인 평가를 받게 되었으니 숙대의 경쟁력을 가늠할 수 있는 좋은 기회인 셈이었다.

창학 100주년이 되는 2006년을 목표연도로 제2창학운동을 전개해온 숙대는, 이번 평가를 대학발전계획의 진척상황을 중간 점검하고

개혁내용을 더욱 충실하게 다듬는 계기로 삼았다. 그래서 숙대는 준비작업의 기준은 평가가 아닌 학교발전에 둔다는 기본방침을 정했다. 예를 들어 아무리 평가 점수를 높일 수 있는 항목일지라도 숙대의 입장에서 투자 우선순위에서 뒤지거나 저해가 될 수 있는 부분은 과감히 포기하고, 대학의 장단기 발전방향에 부합하는 경우에는 다소 무리를 해서라도 보완토록 하자는 것이었다.

이런 원칙은 평가단으로부터도 좋은 평가를 받았다. 당시 김주헌 교육개혁추진실장은 "한 개의 계량 평가항목에서 우리 스스로 소수점 처리를 엄격하게 해서 아슬아슬한 차이로 등급이 낮아진 것이 있었다. 그런데 평가위원들은 이를 높은 등급으로 인정했을 뿐 아니라 보고서 내용 전체의 신뢰성에도 높은 점수를 주었다"고 설명한다. 정직과 투명성을 강조하는 숙대의 조직문화가 외부 평가단으로부터 제대로 평가를 받는 순간이었다.

방문평가 일주일 전에는 증빙자료 정리와 함께 시설 점검 및 시설투어 연습, 의전 준비 등에 전력을 다했다. 총장이 직접 교내 구석구석을 반복해서 점검하는가 하면, 시설투어 예행연습에는 초시계까지 동원했다. 의전 및 시설투어와 실사기간 중의 모든 일정은 분 단위로 시나리오가 작성됐고 구체적인 준비 및 점검사항이 표로 작성됐다.

교수들의 적극적인 참여 또한 매우 이색적이라는 평가를 받았다. 통계학전공의 김영원 교수는 "모든 교수들이 어떠한 개인적인 대가를 염두에 두지 않고 헌신적으로 평가 준비 작업에 참여해 각자의 개성과 능력을 십분 발휘하는 모습을 보며 놀랐다"고 말한다.

교직원들도 크게 다르지 않았다. 평가를 앞두고 직원노조의 파업이 발생해 과연 정상적으로 대학평가를 치를 수 있을지 염려되는 상황이었다. 다행히 노조는 파업을 중단하고 평가준비에 적극적으로 협조하는 모습을 보였다.

정성을 다하고 당당하게 평가를 받는 자세는 평가단의 감동을 끌어내기에 충분했다. 사흘 동안의 평가를 마치고 돌아가면서 평가단장은 총장에게 이런 말을 했다.

"대학의 운영 모델에는 크게 세 가지가 있다고 생각해 왔습니다. 첫째는 국가의 국고지원에 의한 운영이고, 둘째는 사립대학 재단의 지원에 의한 운영이며, 셋째는 재력 있는 졸업생들의 지원에 의한 운영이 그것입니다. 그런데 오늘 숙명여대에서 또 하나의 모델을 발견했습니다. 교수와 직원과 동문의 단합된 힘으로 운영되는 학교, 바로 그것입니다."

이듬해 2월에 발표된 종합평가결과는 '최우수'였다. 제2창학선언을 하고 달려온 지 4년 만에 엄중한 대학종합평가에서 최우수대학의 판정을 받은 숙대는 그 후 비상의 계기를 맞았다. 이때부터 숙대는 정부나 경제단체에서 주는 상을 휩쓸었고 이를 통해 숙대의 놀라운 변화를 대외적으로 공표할 수 있었다. 이런 성과는 6년간 교육인적자원부 교육개혁 추진 최우수대학이라는 기적을 낳는 밑거름이 되었다.

그리고 7년이 지난 2005년도에 대학교육협의회가 실시한 대학종합평가에서 숙대는 고려대 등과 함께 또 다시 최우수대학으로 인정을 받았다. 보직교수와 직원들뿐만 아니라 일반 교수들의 열정과 헌신이 없었다면 이와 같은 결과는 희망사항으로만 남았을 것이다. 즉 문과대학, 이과대학, 생활과학대학, 사회과학대학, 법과대학, 경상대학, 음악대학, 약학대학, 미술대학 등 9개 단과대학 학장을 중심으로 혼연일체가 되어 준비했기에 가능한 일이었다.

이 총장은 기회가 있을 때마다 교수들 자랑을 멈추지 않는다. "우리 대학 교수님들은 연구업적이나 교육에 대한 열정, 그리고 섬기는 리더십을 발휘하는 데 최고수준의 교수들이다. 이런 교수님들이 있기에 숙대의 혁신과 발전이 가능했다."

여성질환은 여성이 해결한다

'숙명여대, 서울대, 광주과학기술원'

이는 과학기술부가 우수한 연구능력이 있는 학교의 이공계열 연구센터를 우수연구센터SRC로 지정해 9년 동안 지원하고자 2005년 공개경쟁을 통해 생명과학분야 후보로 선정한 대학이다. 의대도 없고 공대도 없는 숙대가 최종 현장평가에 올랐다는 사실만으로도 충격적인 사건이었다.

이때까지만 해도 전국의 모든 대학 관계자들은 설마 하는 마음이었다. 그러다 숙명여대가 최종적으로 선정되었다는 발표에 사람들은 벌린 입을 다물지 못했다. 어떻게 그런 일이 가능했을까.

숙대에 의대와 공대가 없다는 사실은 숙대의 위상을 상대적으로 위축시킨 점이기도 하다. 대학종합평가에서도 정량 평가에서 밀리다 보니 불리한 결과가 발표된 적이 한두 번이 아니었다. 그 결과 학생 수에 있어서도 다른 대학에 비해 규모가 작을 수밖에 없었다.

"여성질환연구센터는 반드시 숙대의 몫이 되어야 합니다. 우리가 몸과 마음과 뜻과 정성을 다하면 못 오를 나무는 없습니다. 불가능에 도전했던 우리의 잠재능력을 살려 다시 한 번 기적을 만들어 봅시다."

이 총장은 생명과학부를 포함한 이과대학 교수들에게 어느 때보다도 강하고 자신감 넘치는 어조로 격려했다.

"총장님, 숙대가 여성질환센터의 메카가 될 수 있도록 최선을 다하겠습니다."

그러나 병원 없이 국가기관으로 선정되기 위해서는 준비해야 할 일들이 꽤 많았다. 무엇보다도 가장 우수한 교수들을 확보해야 했고 매년 세계 유명 과학잡지에 다수의 논문을 실어야 했다. 이렇게 해서 지정만 되면 매년 10억 원씩 9년 동안에 90억 원의 재정 지원을 받을 수 있으니 학교로서는 비약적인 발전을 할 것이 분명했다.

학교는 2004년 태스크포스팀을 만들어 숙대의 역량을 총결집할 준비작업에 들어갔다. 자연과학부에서 생명과학부를 독립시키고 7명의 교수진을 충원해 12명의 우수한 교수진을 확보했다. 또 삼성서울병원과 공동연구기관으로 협정을 맺어 병원이 없다는 불리한 점을 만회할 수 있도록 대비했다.

숙대가 최종 3배수 순위에 들기까지는 파란의 연속이었다.

전국 90여 개 대학이 응모한 가운데 과학기술부의 지원규모와 상징성 때문에 모든 대학은 저마다의 최선을 다해 준비했다. 1차 평가 결과 숙대가 35개 대학에 선정되어 화제로 떠올랐다. 의대나 공대가 없는 대학에서는 거의 유일하게 선정된 경우였다. 2차 평가결과 선정된 학교는 생명과학분야에서 서울대 3개 센터, 광주과학기술원, 숙명여대였다.

누가 봐도 서울대가 가장 유력했다. 서울대는 생명과학부의 우수한 교수진을 확보하고 있었을 뿐만 아니라 막강한 의대와 공대가 버티고 있었다. 또 광주과학기술원은 KAIST와 함께 과학연구의 선두주자인 데다가 광주시에서 적극적으로 지원을 하고 있었다. 아무리 세상물정을 모르는 사람이라도 서울대나 광주과학기술원이 선정되고 숙대는 들러리가 될 것이라는 뻔한 결과를 예측할 수 있었다.

"우리는 그들과 비슷해서는 안 됩니다!"

총장은 골리앗 같은 두 대학을 물리치기 위해서는 숙대만의 탁월성이 있어야 한다고 강조했다. SK그룹이 강조하는 슈펙스Super Excellent라는 말을 실감했다. 슈펙스란 인간의 능력이 도달할 수 있는 최상의 수준을 의미하므로 당시의 숙대인들에게 요구되는 가장 절박한 덕목이었다.

생명과학부 교수 12명은 혼연일체가 되어 준비에 임했다. 심사를 앞두고는 전 교수가 합숙을 하면서 밤샘작업을 마다하지 않았다. 여성질환연구센터의 이명석 센터장은 "저희 학부 교수님들이 너무 자랑스럽습니다. 본부에서 요청하는 사항에 불평 한 마디 하지 않고 헌신적으로 도와주셨습니다. 교수님과 조교들 그리고 학생들 모두 하나가 되어 움직였습니다"라고 회고한다.

약대와 식품영양학과도 여성질환의 예방 차원에서 팔을 걷어붙였다. 또한 사회학, 심리학, 문화적인 접근이 요구되었기 때문에 인문사회 관련 학과도 적극적으로 참여했다.

외국의 경우는 유방암 환자가 대체로 50, 60대이지만 우리나라는 20, 30대에서도 많이 발생하고 있는 상황이었다. 그 원인을 밝히기 위해 직접적인 요인에만 집중하는 것은 한계가 있다고 생각한 숙대는 종합적인 처방을 위한 접근방법을 사용하기로 했다.

유방암의 경우 유방을 절제한 후 여성에게 닥치는 후유증은 이루 다 말할 수 없다. 실제로 유방암 환자의 경우 치유 과정에서 이혼율이 높아지고 자살하거나 우울증에 빠지는 경우가 많다. 이런 아픔을 남성들은 짐작조차 하기 어렵다. 이렇게 육체적, 정신적, 사회적 측면에서의 여성질환치료의 가능성에 접근하면서 유방암 환자를 돕는 전국적인 캠페인을 벌이겠다는 복안도 제시했다.

"유방암 절제수술 후 복원수술 비용이 너무 커서 수술을 못하는 사람들이 많다. 실제로 미국은 이런 여성들을 위한 모금 운동을 펼치고 있으나 우리나라는 그렇지 못하다. 숙대에서는 전국민 모금운동도 벌이겠다."

최종 실사를 위해 심사위원들이 학교를 방문하던 날 생명과학부 학생들도 자발적으로 나섰다. 평가단이 도착하는 시간에 맞춰 심사위원들이 지나가는 길목 양쪽에 도열해 따뜻한 환영의 박수를 보낸 것이다. 학생들은 오케스트라를 만들어 환영음악을 연주하는 섬세함도 보여주었다. 총장은 전 교무위원들과 함께 행사장에 참석해 여성질환연구센터에 대한 학교의 전폭적인 지원과 강렬한 의지를 표명했다.

"우리는 최선을 다해 200평이 넘는 연구실과 실험실을 준비했고 앞으로도 필요한 모든 사항을 우선적으로 지원하겠습니다. 여자대학이기 때문에 여성질환연구 분야에 뛰어들 경우 많은 강점이 있다고 생각합니다. 우리는 삼성서울병원과 손잡고 여성질환연구에 전력투구해 여성이 행복한 사회를 만드는 데 앞장서겠습니다. 학교에서는 2010년까지 웰빙관을 건립해 여성질환연구의 예방과 치료에 총력을 기울일 것입니다."

최종결과가 발표되던 날 숙명인들은 서로 부등켜안고 기쁨과 환희의 눈물을 흘렸다. 어느 때보다도 불리한 환경을 딛고 얻은 승리이기에 더더욱 가슴이 벅찼다.

우수한 학생들이 몰려오다

과학기술부로부터 여성질환연구센터로 지정되자 숙대의 위상은 하루아침에 달라졌다. 과학기술부가 지원하는 연구센터는 13개 대학에 약 60개의 센터가 있다. 이 중 생명과학부 관련 센터는 10개 내외이다. 숙대가 최소한 10위권에 들었다는 의미이기 때문에 축하와 함께 부러움의 대상이 됐다.

이런 쾌거는 숙명인들에게 "힘을 합치면 무슨 일이든 할 수 있다"는 자신감을 심어주었고 의대와 공대가 없다는 콤플렉스에서 벗어나는 계기로 작용했다.

경사는 여기서 끝나지 않고 교육인적자원부가 추진하는 BK21 사업으로 이어져 숙명인들의 마음을 더욱 설레게 만들었다. 여성질환연구센터가 하드웨어 측면의 지원이라면 BK21사업은 인재육성이라는 소프트웨어적인 접근을 요구한다. 생명과학부 교수들은 BK21사업을 위해 다시 뭉쳐 또 한번 대학가를 놀라게 했다.

BK21사업단장인 천충일 교수는 "이미 승리를 체험한 교수들이 앞장서서 BK21사업을 준비한 덕에 큰 어려움이 없었다. 우리 학교의 힘은 교수들이 권위주의를 버리고 정해진 목표를 달성하기 위해 각자의 위치에서 최선을 다하는 데 있다. 능력 있는 대학은 많지만 숙대처럼 교수들이 단합된 힘을 보여주는 곳은 많지 않다"고 말한다.

그 결과 2006년 BK21사업에 지정되어 매년 7억 원씩 7년 동안의 지원을 받게 되었다. 생명과학부와 식품영양학 분야를 전공하는 석사 또는 박사과정에 있는 70여 명의 학생들에게 학자금과 연구비를 지원할 수 있게 되었다. 또한 연구업적이 있으면 외국의 연구기관에서 연수받을 수 있는 기회도 줄 수 있게 되었다.

"부모님께 손 벌리지 않고 월급을 받으면서 공부할 수 있기 때문에 우수한 학생들이 몰려오고 있다."

"학생들에게 충분한 지원을 함으로써 이공계 기피현상을 막을 수 있고 학생들은 공부와 연구에만 집중할 수 있으므로 과학발전에 크게 기여할 것이다."

생명과학부 대학원에는 숙대 출신들뿐만 아니라 타대학 출신의 학생들도 찾아와 다양한 정보를 나누며 우수한 인재로 성장하고 있다. 약대와 식품영양학과를 비롯한 관련학과의 교수와 학생들도 연구에 참여함에 따라 연관 효과가 확대되고 있다.

생명과학부의 약진은 다른 학부에도 자극제가 되어 학교 전체에 열심히 해보자는 긍정적인 분위기를 형성했다. 천충일 단장은 그 의미를 이렇게 해석한다.

"학교에서 우리 학부를 특별히 지원했다기보다는, 전공의 특성과 현재의 상황을 고려해 가능성이 높아 보이는 우리 학부를 먼저 지원한 다음 다른 학과도 계기를 만들어 지원하겠다는 전략이었다고 생각한다. 그래서 생명과학부에서는 이런 전폭적인 지원에 보답하기 위해서라도 더 잘해야 한다는 행복한 부담감을 안고 더욱 열심히 매진하고 있다."

박사과정 중에 있는 허윤선 양은 좋은 환경에서 공부하게 된 것에 대한 감사의 마음을 전한다.

"숙대에서 학부와 석사과정을 졸업하고 박사과정에 입학한 저는 누구보다도 SRC와 BK21의 혜택을 눈으로 보고 체험한 사람입니다. 석사과정 때보다 훨씬 더 좋은 조건에서 박사과정을 공부하고 있습니다. 우선 등록금과 인건비 지원이 넉넉하기 때문에 학업에 더 집중할 수 있습니다. 또 해외 학회에 참석할 기회가 더 많이 주어지고 있습니다. 그리고 학기 중 매주 열리는 SRC 세미나를 통해서는 우수한 석학들을 직접 만날 수도 있습니다."

우수한 학생들의 지원으로 학교 분위기는 생동감이 넘친다. 2007학년 1학기에도 세 명이 박사학위를 받아 인재양성소로의 자리매김을 굳건히 했다.

임세현 박사는 "94년에 숙대에 입학해서 현재까지 생명과학부와 함께 발전해왔다. 더 좋은 환경에서 더 많은 혜택을 받으며 연구에 전념할 수 있어 더 많은 성과물이 나올 것을 기대한다"고 말한다.

임 박사와 함께 학위를 받은 양문희 박사는 미국 하버드대학교 대학원 박사후 과정에 다니고 있으며, 박미숙 박사는 미국 국립암센터에서 연구원으로 일하고 있다.

천충일 단장은 숙대의 미래를 생각하면 기대와 설렘이 앞선다고 말한다.

"우리 학부가 연구센터로 지정된 지 3년밖에 되지 않았고 BK21지원을 받은 지도 얼마 되지 않았다. 그런데도 그 효과가 교수들의 우수한 연구업적에서 나타나고 있다. 정부와 학교의 지원금을 합치면 매년 25억 원이 여성질환연구를 위해 사용된다. 이는 생명과학 발전에 크게 기여할 것이다. 또 박사학위를 받은 학생들이 선진국의 저명한 대학과 연구소에서 박사후 과정에 합격하거나 연구원으로 선발되었다는 것 자체가 학교의 위상을 말해준다.

하지만 이것은 시작에 불과하다. 지금까지 숙대가 이룬 일보다 앞으로 이루어야 할 일들을 생각하면 가슴이 벅차오르고 심장이 요동치는 것을 느낀다."

한편 생명과학부를 비롯한 이과대학과 생활과학대학의 비약적인 발전과 더불어, 2007년에는 경영학부에서 꼬르동블루 호스피탈리티 MBA대학원이 경영전문대학원으로 설립되어 주목을 받았다.

세계로 향하는 S리더십

"지금부터 숙명여대는 능력과 품성의 S리더십으로 세계 최고의 리더십대학이 되겠습니다."

2006년 창학 100주년 기념식은 1,000억 원 모금 달성과 숙대의 정체성을 국내외에 알리는 계기가 됐다. 1년 후에 숙명여대는 또 하나의 원대한 비전으로 S리더십 브랜드를 선포했다.

S리더십이란 대체 어떤 의미일까? S는 숙명Sookmyung의 영어 이름 S, 숙명의 상징인 눈Snow의 S, 섬김Servant의 S를 의미한다.

S리더십은 4S를 근간으로 하는 미래형 리더십으로 구체화되는데, 이는 문화·교양지식의 바탕 위에 어떤 상황에서도 문제를 해결할 수 있는 능력과 실용적 지식을 갖춘 창조적 지식Spirit, 디지털 기술, 어학능력, 의사소통능력을 갖춘 미래형 기술Skill, 그리고 섬김, 배려, 협동, 신뢰를 갖춘 봉사적 성품Service과 강한 신체와 건전한 정신을 갖춘 건강한 심신Strength을 의미한다.

숙명의 S리더십은 능력과 품성을 고루 갖춘 이 시대의 리더를 키워 2020년까지 대한민국 리더의 10%를 공급하겠다는 야심찬 내용을 담고 있다.

S리더십 브랜드 로고는 숙대의 심벌마크인 눈 결정체가 S자를 감싸는 형태의 디자인으로 지성을 의미하는 푸른색이고, S자의 변형을 통해 '부드러우면서도 세계를 주도하는 리더'의 의미와 '처음에는 미약하지만 시간이 지나면서 성장하는 모습'을 그린 미래지향적인 비전

을 동시에 표현한다.

S리더십은 세계 최고의 리더십대학을 지향하는 숙명 비전의 독자적인 대표브랜드이다. S리더십은 국가와 민족 그리고 이웃을 위해 배려하고 헌신할 수 있는 역량과 품성을 겸비한 진정한 리더를 양성할 것이다. 지난 10여 년간 개발, 정립된 숙명리더십을 S리더십으로 브랜드화함으로써 대학 내부에서만 공유하던 리더십 개념을 외부로 확산하겠다는 의지를 표현했다. 즉 국내 뿐만 아니라 전 세계적으로도 새로운 리더십 문화를 보급할 것을 선언한 것이다.

2007년 5월 22일, 101주년 학교 창학기념일을 맞은 숙명인들은 S리더십을 선포하고 또 하나의 큰 꿈을 향해 2020년까지의 대장정을 시작했다. S리더십을 학생들에게 체질화시키고 세계로 수출하는 계획도 발표했다.

"왜 우리는 미국, 영국 같은 외국의 리더십 이론만 공부합니까?"

"우리 브랜드를 개발해 국내에 보급시키고 해외로도 수출합시다."

2020년까지 10%의 리더를 배출하기 위해서는 역시 기금이 필요하다. 척박한 토양에서 1,000억 원의 기금을 기적적으로 모은 이 총장과 숙대는 그 기반 위에 2020년까지 5,000억 원의 발전기금을 모으겠다고 선포했다. 이 중 S리더의 양성을 위해 1,000억 원의 예산을 책정했다. 여기에는 국내 학생뿐만 아니라 해외의 우수한 학생에게도 정원의 10%까지 장학금을 주어 유치하는 비용도 포함된다.

이를 위한 모금 방안으로 릴레이 모금을 시작했다. 처음에 두 사람을 추천하면 추천받은 각 사람이 다시 두 사람을 추천해 계속해서 모금액을 증가해가는 방식이다.

맨 먼저 이 총장이 두 사람을 추천하는 것을 시작으로 모금은 첫발을 내디뎠다. 총장은 김두현 법인이사와 김형국 대외협력처장을 첫번째로 지명했다. 김 처장은 "저를 제일 먼저 추천해 주셔서 고맙습니다. 정말 가문의 영광입니다"라고 화답했다.

두 사람을 추천하려면 많은 생각을 해야 한다. 기부금이 최소 10만 원이니, 결코 적은 액수가 아니었다. 때문에 부담이 될 수도 있다. 더군다나 추천을 받은 사람이 다시 두 사람을 추천해야 한다는 것 또한 큰 부담일 것이었다. 그러나 시작한 지 1주일도 안 되서 300여 명이 참여했고 그새 모금액은 1억 4,000만 원이 넘었다.

추천을 받은 서울 강남구청의 김성회 홍보실장은 "과연 숙대는 다르다. 항상 앞서가는 이유가 있다. 참신한 아이디어다"라고 감탄했다.

기금 모금은 또 다른 목표가 되어 숙명인들의 사랑을 확인하며 활발하게 진행되고 있다.

이 총장은 2007년 교직원 연수에서 '나에게는 꿈이 있습니다' 라는 시를 낭독해 참석자들로부터 뜨거운 박수를 받았다.

사랑하는 S리더십을 갖춘 리더들이 세계평화와 인류번영 발전에 기여하는 국제기구의 주역들이 되리라는 꿈이 있습니다.

2020년 서울, 동경, 북경, 워싱턴, 파리, 런던, 모스크바, 베트남, 우즈베키스탄, 남아프리카에서 숙대에서 S리더십을 교육받은 리더들이 지구촌의 중요한 이슈들을 주도적으로 논의하는 모습을 볼 수 있을 것이라는 꿈이 있습니다.

2020년 지구촌 전역에 걸쳐 100개 이상의 숙명리더십 센터가 숙명리더들에 의해 설립될 수 있으리라는 꿈이 있습니다.

5대양 6대주로 뻗어나갈 S리더십을 갖춘 리더들이 각기 깃발을 나부끼며 숙명 웰빙관에 모여 지구촌의 미래를 위해 섬김을 다짐하는 날이 오리라는 꿈이 있습니다.

사랑하는 숙명의 교수와 직원들이 자부심과 긍지로 교육과 행정에 임해 S리더십을 갖춘 대한민국 리더 10%를 양성하는 값진 결실을 함께 나누는 날이 오리라는 꿈이 있습니다.

그리하여 섬김리더십이 온 나라에 울려 퍼질 때 대한민국은 존경받는 선진국이 되리라는 꿈이 있습니다.

사랑하는 숙명인들이 S리더십을 갖추고 2020년 대한민국의 정치, 경제, 사회, 문화, 교육 등의 분야 곳곳에서 우리 민족을 진정한 사랑과 헌신으로 섬겨 정직하고 친절한 섬김문화를 민족문화로 만드는 주인공이 될 수 있으리라는 꿈이 있습니다.

숙대의 S리더십이 주목받는 이유는 우리의 국민적 기질과도 관련 있다. 웅진그룹의 윤석금 회장은 "20세기의 기적은 인류가 달나라에 간 것이 아니다. 기적은 짚신을 신던 국민이 전쟁의 폐허 위에서 한강의 기적을 이루고 세계 11대 경제대국을 만든 것이다. 후진국 중에서 정치 민주화와 경제 민주화를 동시에 달성한 나라는 대한민국이 유일하다. 우리 민족의 능력과 열정은 이미 검증을 받았다. 우리가

다시 힘을 합치면 우리나라는 또 기적을 만들 수 있을 것이다"라고
역설한다.

하지만 이 저력만으로는 안된다. 우리 국민이 존경받는 한국인으로
웅비하기 위해서는 부족한 2%를 채워야 한다. 그것은 바로 섬김과
배려의 문화다.

그렇기 때문에 숙명의 S리더십은 더 없이 좋은 대안이다. S리더십
이 대학사회뿐만 아니라 사회 곳곳에서 발휘될 때 우리는 존경받는
선진국이 될 수 있다. 그래서 숙명의 S리더십은 곧 대한민국의 희망
이 되리라 믿는다.

내가 본 숙명여대, 내가 만난 이경숙 총장

모두가 주인이 되어 만들어낸 기적

홍익대 이면영 이사장은 취임 초부터 이 총장을 지켜보았기에 누구
보다도 숙대의 변화를 객관적으로 평가할 수 있는 사람이다. 이 총장
과 이면영 이사장은 총장이 취임하던 해인 1994년 봄, 전북 무주에서
열리는 대학총장회의에 참석하러 갈 때 버스 안에서 나란히 앉게 된
인연으로 만났다.

"그때 나는 홍익대 총장이었기 때문에 선배 총장으로서 만난 셈이
다. 이 총장은 호기심 많은 학생처럼 내게 이것저것 물어보았다. 진지
하게 경청하면서 깨알처럼 수첩에다 메모하는 모습이 무척 인상적이

었다. 숙대가 총장을 참 잘 뽑았다고 생각했다. 앞으로 훌륭한 총장이 될 거라고 예감했다."

사실 숙대에 대해서는 그전부터 많은 우려가 있었다. 주인 없는 학교라 재정이 빈약하고 학교 시설이 낡아 안전사고에 대한 위험이 높다는 걸 알고 있었다. 한번은 숙대를 방문해 엘리베이터를 탔다가 워낙 낙후해서 "혹시 사고가 나면 어떻하지?" 하는 생각을 한 적도 있다고 한다. 교내에는 방치된 쓰레기가 산더미처럼 쌓여 있어 정상적인 학교라고 보기 힘들 때도 있었다.

그러나 이경숙 총장은 주인 없는 학교에서 주인의식을 가지고 총장직을 수행했다. 재정 적자로 허덕이는 학교가 1,000억 원을 모으겠다는 목표를 정하고 전력투구하는 모습 자체가 주인의식 없이는 나올 수가 없는 일이었다. 숙대를 방문할 때마다 학교가 변하고 있음을 피부로 느꼈다며 이면영 이사장은 이렇게 말한다.

"초창기에는 홍익대의 경험이 숙대에 어느 정도 도움이 되었을지 모른다. 그러나 언제부터인가 홍익대 교직원들은 무언가를 배우기 위해 숙대를 찾아갔다. 그리고 숙대의 변화에 놀라면서 경이로운 눈빛을 보내기 시작했다. 어느덧 숙대는 대한민국 대학사회에서 혁신의 선두주자로 자리매김했다.

요즘 숙대를 가 보면 옛날의 숙대 모습은 찾아볼 수조차 없다. 멋진 건물들이 조화와 균형을 이루고 있는 작지만 아름다운 캠퍼스가 인상적이다. 교직원과 학생들의 밝은 표정과 자신감 넘치는 모습은 기적이라고 할 수밖에 없다."

숙대의 변화는 한 사람의 역할이 얼마나 중요한지를 명백히 입증하고 있다. 총장은 구성원들에게 뚜렷한 목표를 제시하고 솔선수범을 보임으로써 구성원들이 힘을 모으도록 유도했으며, 어떤 환경 속에서도 하면 된다는 희망과 자신감을 가질 수 있도록 했다.

한 사람이 주인의식을 갖고 리더십을 발휘하자 그 열정은 모두에게 퍼져 나갔다. 오늘의 숙대를 만든 이는 '내가 주인'이라는 강한 동기를 가진 전체 숙대인이다.

탁월한 CEO 총장

무역협회회장을 지낸 동원그룹의 김재철 회장은 학생들이 가장 만나고 싶어하는 기업인 중 한 명이다. 김 회장은 숙대 학생들을 위한 특강 강사로 초청되기도 했는데, 학생들의 진지한 자세와 배움의 열정을 보며 놀라워했다. 정중하면서도 날카롭게 질문하는 모습을 보며 숙대가 왜 글쓰기와 읽기, 발표와 토론 등을 가르치는지 짐작할 수 있었다.

특히 숙명앰버서더 학생이 총장과 함께 캠퍼스를 안내할 때 학생들이 멀리서 달려와 "총장님, 사랑해요"라며 다정하게 인사하는 모습은 그 어느 대학에서도 보기 힘든 광경이라 신선한 충격이었다.

김 회장은 이 총장을 탁월한 CEO총장이라고 평가한다. "개성이 강한 대학사회에서 먼저 비전을 제시하고 그 목표를 달성하는 데 권위주의적 리더십이 아니라 상대방을 배려하고 존중하는 섬김의 리더십을 실천했다는 것은, 요즈음 초일류기업들이 지향하는 리더십 스타

일이다. 대학뿐만 아니라 기업들에게도 숙대의 사례는 많은 도움이 될 것이다. 그래서 나는 숙대에서 느낀 감동을 가는 곳마다 얘기한다"고 말한다.

삼보컴퓨터 회장을 지낸 숙명여대 이용태 이사장은 숙대 기적의 원천을 이 총장의 리더십에서 찾는다.

"숙대의 기적에는 먼저 리더십이 있었다. 또 비전이 있었고 이것을 이루고 말겠다는 굳은 신념이 있었다. 물론 전략도 있었고 이것을 실천에 옮기는 추진력도 있었다. 카리스마가 아니라 부드러움으로 섬기는 리더십이 사람을 움직였다. 신앙의 힘은 하늘을 움직였고 사심 없는 헌신은 호응을 받았다"고 말한다.

하지만 어떤 조직이든 리더의 힘만으로 위대한 조직이 만들어지는 것은 아니다. 교직원과 학생들의 자발적인 참여가 무엇보다 중요하다. "교수들이 제도 개혁의 많은 불편을 감수했다. 보직교수들은 자신을 희생하면서까지 단결했다. 직원들의 참여 또한 놀라웠다. 새로운 혁신 작업에 동참했고 권익옹호의 자세를 봉사하는 자세로 바꾸었다. 학생들도 반항과 대치의 붉은 기를 내렸다. 학교를 사랑하고 면학의 분위기를 사랑했다. 세계를 바꾸는 부드러운 힘이 향기롭게 익어가고 있다"고 이사장은 평가한다.

"학교란 지식을 쌓는 곳이기도 하지만 인격을 닦는 곳이기도 하다. 학교에서는 남과 더불어 사는 법도 배우고 합리적으로 세상일을 판단하고 해결하는 법을 배워야 한다. 또한 조직뿐만 아니라 자기 스스로를 다스리는 법을 배워야 한다. 많은 대학들이 이를 외면하고 있지만 숙대는 다르다. 커뮤니케이션 교육, 리더십 교육, 고전 읽기, 토론하기 등을 통해 세상 사는 법을 가르치고 있다"고 강조한다.

저평가된 초우량 주식, 숙명여대

"학교 홍보영화를 만들려고 하는데 입찰에 참여해 주세요."

"미안한 말이지만, 숙대가 홍보할 내용이 있나요?"

손꼽히는 영상제작업체인 모루의 한긍수 감독은 숙대와 무척 어색한 첫 만남을 가졌지만, 결국 2005년 숙대 100년의 역사가 담긴 홍보영화를 만드는 책임을 맡았다. 한 감독은 1년 동안 숙대 곳곳을 촬영하면서 숙명에 감동하고 숙명에 반해버렸다.

한 감독은 기획처장을 비롯한 보직교수들과 공식적인 인터뷰를 하면서 느꼈던 충격을 이렇게 털어놓았다.

"이분들은 숙대가 세계 최고의 대학이고 곧 세계적인 명문여대가 될 거라는 환상에 빠져 있더군요."

그래서 숙대의 객관적인 위상을 알아보기로 했다.

'조용하고 여성적이고 날뛰지 않고 소극적인 이미지'

'작고 조용해서 재미없는 여자대학'

그러나 교수, 직원, 학생들을 인터뷰하면서 한 감독의 선입견은 여지없이 깨졌다. 그들이 보여주는 만족과 행복은 숙대의 독특한 문화를 형성하고 있었다. 지금까지 여러 대학과 기업의 홍보영상을 제작해 왔지만 이런 조직은 처음이었다.

"학교에 대한 자부심에 놀랐다. 보통 촬영 며칠만 지나면 아무리 좋은 조직이라도 내부 불만이 쏟아지기 마련인데, 숙대는 1년이라는 촬영기간 내내 그런 일이 없었다." 또 한 감독은 "숙대에는 프로그램을 위한 프로그램, 행사를 위한 행사가 없었다. 모든 업무에는 계획이 있고 그 계획에 따라 움직이고 평가하는 시스템이 있었다. 마치 초일류기업을 보는 것 같았다"고 회상한다.

또한 진정한 리더십이 무엇인지도 숙대를 통해 깨닫게 되었다고 고백한다.

"숙대는 총장님이 섬김리더십의 모델이 되어 있다. 말과 행동 하나하나가 신뢰와 존경심을 느끼게 한다. 총장님이 이러하니 처장님과 학장님도 또 다른 총장님을 본다는 느낌을 준다. 직원들도 마찬가지다. 1년 동안 모든 행사를 따라다니며 취재를 했지만 기분 나쁜 일이 없었다. 학생들은 예의가 바르고 자기 표현을 효과적으로 할 줄 안다. 이들이 숙대에 들어오기 전에는 그렇지 않았을 것이다.

무엇이 이들을 변화시켰을까. 바로 리더십과 교육이다. 총장의 인품과 능력이 교수와 직원 및 학생들에게 전달되어 모두가 동반상승하는 결과를 낳은 것이다. 나는 교직원과 학생들에게서 총장의 모습을 발견하며 놀라곤 한다. 사람이든 조직이든 가까이 가면 실망하기 쉬운 법이다. 그러나 숙대는 가까이 갈수록 아름다운 향기가 솟아나는 매력적인 조직이다."

한 감독은 언제부터인가 딸을 어느 대학에 보낼지 고민하는 학부형들에게 "고민하지 말고 무조건 숙대에 보내라. 숙대는 저평가된 초우량 주식이다. 사기만 하면 무조건 대박 터진다. 절대 후회하지 않는 다"고 자신있게 추천한다. 한 감독은 숙대를 통해 우리나라 교육의 희망을 봤다고 고백한다.

"숙대는 대학사회의 획기적인 성공모델이다. 대학들이 숙대를 제 대로만 벤치마킹한다면 우리나라의 대학 수준은 세계적인 표준이 될 것이다. 숙대는 대학 뿐만 아니라 기업, 정부를 포함한 모든 조직에게 리더십과 혁신의 모범적인 모델이 되리라 믿는다. 숙대는 '대한민국 의 희망' 이다."

저 는   심 부 름 꾼 입 니 다

이 총장의 리더십을 이해하기 위해서는 신앙을 빼놓을 수 없다. 사실 신앙 문제는 대단히 조심스런 주제이다. 그러나 이 총장은 신앙이 있었기 때문에 어려움을 극복하고 불가능한 일에도 도전할 수 있었다고 말한다.

미국 유학 시절에 크리스천이 된 이 총장은 평범한 신자였다. 이 총장의 변화는 총장이 되고나서부터 시작됐다. 모두가 고개를 젓는 일을 추진하는 총장에게 감당할 수 없는 시련이 파도처럼 밀려왔다.

총장은 이 난관을 돌파하기 위해 새벽마다 교회에 나갔다. 개인적으로야 남편이 교수이고 자녀들이 잘 자라고 있으니 무슨 걱정이 있었겠는가. 또 총장이란 자리는 얼마나 자랑스럽고 명예가 보장된 자리인가. 학교를 위한 꿈만 크게 갖지 않았던들 눈물겨운 고통의 시간들을 겪지는 않았을 것이다.

"만나는 사람마다 '왜 사서 고생을 하느냐?'고 말하곤 했어요. 리더는 항상 자신이 넘치는 것처럼 행동해야 한다고 생각했기 때문에 제 자신을 지탱하기 위해서라도 하나님께 매달릴 수밖에 없었습니다."

매일 하나님을 의지하던 어느 날, 하나님께서 응답을 주셨다.

"네가 언제 나한테 상의한 적이 있느냐. 네가 계획을 세우고 항상 나한테 일방적으로 통보만 하지 않았느냐."

"하나님, 숙대 총장이 되어주세요. 저는 심부름꾼이 되겠습니다."

이 총장은 새벽마다 그날 할 일과 만날 사람들을 위해 기도한다.

"오늘 할일 하나하나를 떠올리며, 일이 잘 되도록 올바른 판단력을 달라고 기도한다. 또 오늘 만날 사람들의 이름을 하나하나 불러가며 장점을 보게 해주시고 그분들이 축복받게 해달라고 기도한다. 이렇게 하루를 시작하면 신기하게도 기도한대로 대부분 이루어진다."

이 총장의 대학 친구인 숙대 교육학부의 한정신 교수는 총장이 성취한 꿈같은 이야기의 밑바탕에는 신앙이 있었다고 말한다.

"이 총장은 하나님께 모든 것을 맡기고 결과를 기다리는 진인사대천명盡人事待天命의 신앙관을 가지고 있다. 하나님께 결과는 다 맡겨버리고 온 힘을 쏟아 일에만 매진한다. 총장의 신앙은 생활 그 자체다. 언젠가 친구들과 여행을 같이 했을 때 자정이 훨씬 지나서 잠자리에 들었는데 새벽 5시에 깨어보니 그는 벌써 새벽기도에 가고 없었다."

이 총장이 출석하는 소망교회의 김지철 목사는 "이 총장은 아무리 바빠도 매일 새벽 예배에 참석하여 기도한다. 섬김리더십을 주장하고 실천하는 신앙인의 참된 모델이다"라고 평가한다.

숙대는 일하는 방식이 다르다

숙대의 출발은 초라했다. 이 총장이 1994년 취임사에서 "최상의 명문여대를 만들겠습니다"라고 했을 때 그 말을 믿는 사람은 거의 없었다. 그러나 10여 년이 지난 지금 "2020년까지 대한민국 리더의 10%를 숙대가 책임지겠습니다"라는 비전을 의심하는 숙대인은 많지 않다.

기업이든 정부든 NGO단체든, 일류 조직은 일하는 방식부터가 다르다. 열심히 일하는 조직은 많지만 어떻게 일해야 하는지를 아는 조직은 드물다. 모든 조직은 나름대로 열심히 일한다고 믿는다. 그러나 어떤 방식으로 일하느냐에 따라 그 결과는 상상을 초월할 정도로 달라진다. 세계적인 기업 GE가 주목받는 것도 바로 일하는 방식이 남다르기 때문이다. GE는 벽 없는 조직을 만들어 지식과 정보를 공유했고 워크아웃workout을 도입해 현장의 문제를 현장의 목소리로 해결했다.

숙대가 주목받는 것 역시 일하는 방식에 있다. 지금까지 소개한 내용들이 이러한 사실을 대변할 것이다. 다시 정리해 보면 다음과 같다.

첫째, 숙대는 최초를 만들자는 도전정신을 발휘했다. 대학사회에서 한국 또는 세계 최초라는 수식어를 가장 많이 보유하고 있는 곳이 바로 숙대다. 대표적인 사례는 1995년에 시작한 등록금 한 번 더 내기 운동이다. 이 운동이 호응을 얻어 동문회가 결속하는 전기가 마련됐고 숙대 기적의 단초가 제공됐다. 그 후 등록금 한번 더 내기 캠페인은 많은 대학들의 인기 메뉴가 되었다.

1998년에 전 캠퍼스에 무선 랜을 설치한 것도 국내에서는 처음 있는 일이었다. 학생들이 교내 어디에서나 노트북을 이용할 수 있으니 새로운 세상이 열린 것이다. 교수들이 노트북을 들고 야외수업을 시도했고 학생들 역시 잔디밭에 엎드려 노트북으로 리포트를 작성했다.

모바일 캠퍼스는 세계 최초로 도입한 사례다. 2002년도에 휴대폰 하나로 출석체크, 도서관 출입, 학사조회 등 모든 것이 가능한 시대를 열었다. 심지어 자판기의 음료수도 휴대폰으로 이용할 수 있게 했다.

최초가 많다는 것은 그만큼 창의성이 뛰어나다는 증거다. 제안제도가 활성화되고 의사소통이 원활하기 때문에 가능한 일이다.

김주헌 기획처장은 "우리가 밤새워 고생해 만든 시스템을 다른 곳에서 너무 쉽게 사용하는 것을 보면 아쉬운 마음이 들기도 한다. 하지만 좋은 것은 함께 공유하는 것이라고 생각한다. 그래서 기꺼운 마음으로 받아들이고 최초를 개발한 열정을 최고의 수준으로 유지하려고 노력한다. 나아가 또 다른 최초를 만들기 위해 최선을 다한다"고 말한다.

둘째, 마스터플랜을 세웠다. 숙대의 성공은 운이 좋아서 된 게 아니다. 철저한 계획 위에서 이룩한 쾌거다. 숙명인들은 어떤 일을 하더라도 계획과 실천과 평가가 일직선상에서 연결되도록 했다. 총장의 꿈과 비전을 구체적인 목표를 통해 실천한 것이다.

이 총장은 취임 후 1년간 12년의 장단기 마스터플랜을 세우는 일에 집중했다. 숙대가 돋보이는 까닭은 마스터플랜과 동시에 그 계획들을 달성했기 때문이다. 개인이든 조직이든 계획은 무수하지만 그 계획이 그대로 실천된 사례는 흔치 않다. 그러나 숙대에서는 장밋빛 청사진이 무리 없이 달성되는 사례를 여실히 보여주고 있다. 그래서 '숙명에는 우연이 없다' 는 말까지 생겨나게 되었다.

셋째, 숙대는 '학생이 행복한 대학' 이라는 꿈을 가졌다. 그래서 숙대는 학생이 비전을 갖고 성장할 수 있도록 전 학년 단계별 프로그램을 만들었다. 학생이 숙대에 입학을 하면 리더십 교양학부에서 글쓰기와 읽기, 발표와 토론, 리더십 특강 등을 통해 리더로서의 꿈과 비전을 간직하게 된다. 이어서 리더십주간, 리더십데이, 전공과 연계된 리더십 교육 등을 통해 자신도 모르게 평범한 학생에서 리더로 성장해 나간다.

또한 취업경력개발원에서는 '평생을 책임지는 교육시스템을 구축한다'는 사명으로 학생을 지원한다. 이를 위해 학년별·전공별로 맞춤형 취업 원스톱 서비스를 4단계로 구분하여 실시하고 있다. 숙대생이라면 1학년부터 4학년 때까지 무엇을 준비하고 어떻게 실천해야 할지에 대한 정보와 조언을 들을 수 있다. 4단계 프로그램은 자기탐색 → 자기설계 → 자기역량 쌓기 → 구직활동 단계로 구성되어 각 단계별로 상세한 지침이 설계되어 있다.

학생들이 학교에서 마련한 리더십 코스와 취업경력개발 단계를 따라가기만 하면 자연스럽게 리더십이 생기고 취업에도 성공할 수 있으니 숙대생이야말로 요즘과 같은 취업대란 시대에 축복받은 학생들이라고 할 수 있다.

숙대 혁신의 마지막 핵심은 '섬김리더십'이다. 리더십은 이론이 아니라 실천이기 때문에 솔선수범, 언행일치가 되지 않으면 리더십은 존재기반을 잃는다.

숙대는 총장부터 말단 직원에 이르기까지 섬김리더십이 체질화되어 있었기에 꿈과 비전을 계획대로 달성할 수 있었다. 섬김리더십이야말로 '섬김' 자체가 실천되지 않으면 더없이 우스운 꼴이 되는 리더십이다. 차라리 섬김이란 말을 쓰지 않는 것보다 못한 상황이 될 테니 말이다.

섬김리더십은 서로에 대한 신뢰와 사랑으로 발전하며 이 정신적 에너지는 혁신의 고갈되지 않는 힘의 원천이 된다. 섬김리더십은 숙명의 또 다른 이름이지만 숙명의 전유물로 그쳐서는 안 된다. 사회 곳곳으로 퍼져 공공재가 돼야 한다.

고려대 이장로 교수는 "숙대 발전의 원동력은 구성원들의 지지를 받는 총장이 장기목표를 세우고 비전 공유를 통해 그것을 실천할 수 있는 충분한 시간을 가졌다는 데 있다. 이런 점에서 숙명인들은 축복받은 사람들"이라고 평가한다.

이 책을 집필하는 동안 이경숙 총장과의 만남을 자주 가졌다. 만나는 동안 총장은 어떤 요구나 주문도 하지 않았다. 대신 짧은 부탁의 말을 전했다.

"집필에는 전문가니까, 객관적으로 잘 쓰리라 생각하기 때문에 걱정하지는 않아요. 다만 교수님들과 직원선생님들, 학생들에게 제가 항상 간직하고 있는 감사의 마음이 제대로 전달되었으면 합니다."

이 총장은 숙대가 혁신에 성공했다는 말은 구성원들의 엄청난 희생이 있었다는 것을 의미한다고 말한다. 그 이유에 대해 설명한다.

"저는 부족한 게 많은 사람입니다. 그런데도 구성원들이 저를 이해하고 잘 따라주었기에 숙대의 기적이 가능했던 것이지요. 우리 숙대가족에게는 순수하고 정직하고 따스한 정이 넘쳐납니다. 총장의 부족하고 연약한 부분을 그런 사랑으로 감싸주었기에 자신감을 가지고 비전을 추구해나갈 수 있었습니다."

숙대의 사례들을 지면의 제약으로 전부 담아내지 못해 아쉽다. 숙대에는 감동을 주는 영롱한 구슬 같은 이야기들이 캠퍼스에 널려 있다고 해도 과언이 아니다. 필자는 그 일부를 골라 구슬을 꿰었을 뿐이다. 또한 이 책이 숙대가 최초로 이룬 업적들에 초점을 맞추다 보니 교수들의 연구업적이나 활동에 대해서는 다른 대학과 유사하다는 이유로 다루지 못한 점 역시 아쉬움으로 남는다.

이 책을 쓰는 동안 많은 사람들을 만나 인터뷰를 했다. 그중에는 더러 비판의 목소리도 있었다. 관점에 따라 생각도 다를 수 있으니 얼마든지 있을 수 있는 일이다. 그러나 그 비판과 지적까지도 숙대에 대한 애정과 관심의 표현으로 들려 역시 감동으로 다가왔다.

아무쪼록 이 책이 대학사회의 혁신과 교육의 올바른 방향을 제시하는 데 조금이라도 도움이 될 수 있다면 더 바랄 게 없다. 나아가 모든 교육 분야와 기업 조직에도 리더십과 조직혁신의 좋은 참고자료가 될 수 있기를 기원한다.

숙대 기적의 진짜 원동력은
제가 아닙니다

총장에 취임한 지 14년, 오직 숙대의 발전과 대학의 선진화만을 생각하며 달려왔습니다. 많은 분들이 숙대 혁신 사례에 관심을 갖고 책을 발간하자는 제안을 했지만 망설여 왔습니다.

그러던 중 인간개발연구원의 양병무 원장님이 숙대에 초빙교수로 1년 동안 재직하면서 숙대를 깊숙이 관찰한 후 숙대 캠퍼스에서 일어난 이야기를 중심으로 책을 펴내자고 제안했습니다. 인사조직과 리더십 전문가로서의 객관적인 시각과 베스트셀러 『감자탕교회 이야기』와 『주식회사 장성군』 저자로서의 탁월한 통찰력으로 숙대를 누구보다 입체적으로 서술하리라는 믿음이 있어서 그렇게 하자고 했습니다.

정리한 내용들을 읽어보니 여기저기 정신없이 굴러다니는 구슬들을 잘 꿰어주어서 14년의 역사가 파노라마처럼 일목요연하게 스쳐 지나가는 것을 느낄 수 있습니다. 역시 탁월하다는 감탄을 하지 않을 수 없었습니다. 구슬을 갈고 닦고 꿰어 주어서 고맙다고 했더니 "꿸

구슬이 있기 때문에 집필이 가능했습니다. 구슬을 만들어주신 총장님과 숙대에 오히려 감사드립니다"라고 겸손하게 대답했습니다.

책에서 소개된 숙대의 기적을 이룬 원동력은 총장이 아니라 저를 지원해 주신 분들이라고 생각합니다. 숙명이 상상을 초월하는 기적을 일구어 내기까지 일일이 성함을 말씀드리기가 어려울 정도로 많은 분들의 도움과 격려가 있었습니다.

먼저 숙명정신의 맥을 이어가는 데 중심축이 되어주신 숙명학원과 숙명문화재단 이사장님과 이사님들께 감사의 말씀을 드립니다. 숙명이 모진 시련과 역경을 이겨낼 수 있었던 것은 물질적인 것 뿐 아니라 정신적으로 큰 힘이 되어주신 이사장님과 이사님들이 계셨기에 가능했습니다.

또한 눈물어린 기도와 정성으로 모교사랑을 실천해 주신 동문님들께 진심으로 감사의 말씀을 드립니다. 특히 먼 곳에 계시면서도 늘 뜨거운 관심과 애정을 보내주신 해외지회 동문님들은 곁에 계신 것처럼 든든한 동반자가 되어주셨습니다. 숙명사위협의회의 사위님들께도 감사한 마음을 전하고 싶습니다. 숙명과의 인연을 소중히 여기며 한 가족의 맏사위처럼 의지가 되는 버팀목 역할을 해주셨습니다.

　어려운 경영여건에도 불구하고 숙명비전에 공감하여 주시고 물심양면으로 지원해 주신 기업체와 관계자 여러분, 여성인재 양성에 뜻을 같이하여 아낌없이 후원해 주신 독지가 여러분께 감사의 말씀을 드립니다.

　숙명의 유구한 역사와 전통의 맥을 이어오신 전임 총장님, 학교 발전의 견인차가 되어주신 교수님, 직원선생님 여러분께 마음깊이 감사드립니다. 섬김과 신뢰의 문화를 뿌리내리며 숙명교정을 날마다 변화하는 캠퍼스로 이끌어 주신 헌신과 아름다운 모습들을 기억할 것입니다.

　학교의 리더십 교육과 훈련프로그램에 적극적으로 참여하는 우리 학생들에게 늘 고마운 마음 뿐입니다. 학교 비전을 공유할 뿐 아니라 자신의 꿈을 학교 비전과 함께 키우겠다며 자신감 있게 포부를 말하는 학생들을 바라볼 때 가장 큰 보람과 기쁨을 느낍니다.

숙명가족 모두가 한마음이 되어 땀을 흘렸기에 지난 14년을 희망의 역사로 써내려갈 수 있었습니다. 앞으로도 나라와 민족을 사랑하고 섬기며 세계평화와 인류번영 발전에 이바지하려는 숙명의 꿈이 찬란한 S리더십의 역사로 하나씩 성취되어 가리라 믿으며, 모든 분께 진심어린 감사의 마음을 전합니다.

끝으로 숙명이 험한 풍랑 속에 있을 때 희망의 빛이 되어주시고 앞길을 열어주시며 이제 S리더십을 통해 축복의 통로로 쓰임 받도록 이끌어 주신 하나님께 감사와 영광을 돌립니다.

숙명여자대학교 총장 이경숙

KI신서 1300

숙대를 혁신으로 이끈 이경숙의 섬김리더십

1판 1쇄 발행 2008년 4월 10일
1판 2쇄 발행 2008년 5월 6일

지은이 양병무 **펴낸이** 김영곤 **펴낸곳** (주)북이십일 21세기북스
기획 엄영희 **편집** 배소라 **디자인** 박선향 김진희 **마케팅** 주명석 **영업** 최창규
출판등록 2000년 5월 6일 제10-1965호
주소 (우413-756) 경기도 파주시 교하읍 문발리 파주출판단지 518-3
대표전화 031-955-2100 **팩스** 031-955-2151 **이메일** book21@book21.co.kr
홈페이지 book21.com **커뮤니티** cafe.naver.com/21cbook

값 10,000원
ISBN 978-89-509-1359-5 03320